Takamasa Yosizaka
Inter-University Seminar House

吉阪隆正｜大学セミナーハウス

編著　齊藤 祐子
写真　北田 英治

Edited by Yuko Saito
Photographed by Eiji Kitada

刊行によせて

大学セミナー・ハウスは1965年、東京都八王子市の多摩丘陵に開館した研修施設です。昨年50周年を迎え、時代の変化のなか、新たな展開へと動き出しています。20世紀のモダンムーブメントを記録する本書では、建築をとおして半世紀の活動を辿ります。時を重ねた建築群からは、建築家 吉阪隆正の活動理論〈不連続統一体　Discontinuous Unity〉を、組織論、設計論、造形論として読み解くことができます。そして、平和をめざすために建築を志した吉阪が〈有形学〉を提唱し、人のつながりをつくるために提案した建築の役割、形の役割の大切さを見直す機会になることをのぞんでいます。

高度経済成長期、マスプロ化した大学教育に疑問をいだいた、提唱者の飯田宗一郎氏の構想に共鳴した国公私立大学の賛同者が設立発起人となり、財界の支援で発足した学生のための教育の場を、吉阪がその〈こころ〉を〈かたち〉にしました。竣工後も次々と建物は増えていき、小さな村のようになりました。けれど、近年の少子高齢化社会は、学生数の減少など、施設利用者の変化にも大きな影響を与えています。学生の教育施設として出発したセミナー・ハウスは、社会人の生涯教育施設へと、そして、地域に根ざした施設へと活動をひろげていきます。

また、大学セミナー・ハウスはモダニズム建築の重要な作品として、「DOCOMOMO Japan」に選定されています。2016年には、吉阪が1950年から2年間、パリのアトリエで設計修行をした建築家ル・コルビュジエ設計の「国立西洋美術館」が世界文化遺産に登録。そして、本館が東京都の歴史的建造物に選定されます。モダニズム建築がその歴史的役割を評価される時間を与えられないままに、次々と取り壊され姿を消していく現実を、押し停めるひとつの力になるはずです。戦後の復興期の設計思想を、直に建築に触れて身体で学ぶ機会を、次世代へと繋げていかなければなりません。

本書は『住宅建築』2013年4月号、特別記事「八王子　大学セミナー・ハウスのいま」の掲載記事に資料を追加して構成しています。建築をとおしての歴史的な時代背景や、設計思想、そして、自然の中で学ぶことの大切さを考える活動の紹介です。50周年を節目に、特別記事と本書の刊行のためにお力添えいただきましたみなさまに心よりお礼申し上げます。

2016年10月
アルキテクト事務局　齊藤祐子

目次

03　刊行によせて

06　Promenade
　　撮影　北田英治

19　ことばから姿へ　姿がことばに
　　吉阪隆正

25　大学セミナー・ハウスとは何か
　　飯田宗一郎

30　1期~8期, 50周年

49　階段は意志、廊下・斜路は情緒、橋は夢…
　　松崎義徳

55　飯田宗一郎のパイオニア精神と吉阪隆正の有形学
　　齊藤祐子

60　建築ディテール　みどころマップ
　　撮影　大橋富夫

62　吉阪隆正　年譜

凡例

図面名称
図面番号
縮尺｜形状｜作成年月日｜製図者
素材・技法｜大きさ〔㎜、縦×横〕
所蔵者　図面は全て、文化庁国立近現代建築資料館所蔵

註　大学セミナーハウスの表記について

創設時は〈大学セミナー・ハウス〉と・を入れていたので、原文のままとした。
現在は〈大学セミナーハウス〉を正式名称とする。

Promenade

撮影　北田 英治

01　　大地に楔を打ち込んだ本館は、大学セミナー・ハウスの理念、哲学、そして機能をあらわしている　1997年
02　　U研究室アトリエで模型を囲んでのディスカッション　1963年＊
04　　本館のスタディをする油土模型　1964年＊
06　　中庭を囲むように並ぶ1群の宿舎、ユニットハウスとセミナー室、右手に大屋根の中央セミナー室、奥に見えるのは松下館と真理の鐘　2012年
07　　アプローチ道路「いろは坂」から、楔型の本館を見る、最上階には全員が集まる食堂を配置し、丘の上にブリッジを架ける　2012年
08 左　　本館外壁打ち放しコンクリートの肌は、杉板の型枠が独特の、力強い彫塑的な表情　1996年
08 右上　アプローチから見る本館の「眼のレリーフ」　2015年
08 右下　最上階の全員が集う食堂は柱も壁もない大空間になっている　2013年
09　　ピラミッド型大屋根の中央セミナー室には、煙出しのようなガラスブロックのトップライト　2013年
10　　2期　丘の上に建つ講堂と図書館はシェル構造の屋根　2012年
11　　100人が集まる講堂内部、天井のオブジェのような音響反射板　1997年
12　　3期　急な傾斜地に建つ松下館、シェル構造の屋上庭園から富士がよく見える、右奥の緑の屋根は20周年記念館　2012年
13　　図書館バルコニーから松下館と野外ステージを見下ろす、斜面の道は松下館の下を抜けていく　2012年
14　　4期　谷を挟んで新しい村として建てた長期館、左は長期館セミナー室の屋上　2012年
15　　7期　国際館の屋根には二本の川をモチーフにした銀河を描いた　1997年
16　　敷地の傾斜に沿わせてながら7つの群をつくって配置した高床のユニットハウス　1995年
17　　八王子の市街地が多摩丘陵へとひろがり、敷地に迫ってくる　1979年＊＊
48　　谷に架けた茅橋は、吊り橋のように揺れる設計　1998年
54　　建設中の本館に架かる足場　1965年＊

＊　　アルキテクト　提供
＊＊　大学セミナーハウス　提供

ことばから姿へ　姿がことばに

吉阪隆正

　大学セミナー・ハウスの第1期工事が落成したのは15年前のことだ。それから1～2年ごとに少しずつ建て増して今日に至った。その間に樹木は育って、禿げ山のようだった敷地も森と化した。やはり15年の歳月が経ったことを示している。それにしては、初期の建物も、ほとんど新築同様に維持されているのを見るのは嬉しいことだ。

　村野藤吾先生が、建築をつくるのは娘を育てるようなものだ。手しおにかけた娘を嫁にやるような気持で落成式にいつも出席するのだが、大切に扱って貰えるといい所へ嫁がせたと安心すると言っておられたが、大学セミナー・ハウスは私にとってまさにそういった例だ。

　思い起こせば、大学セミナー・ハウスの構想を初めて伺ったのは、当時の総長大浜信泉先生からで、私がアルゼンチンのツクマン大学から帰って間もないころだった。先生は軽く考えておられたようだ。敷地の予定もたったから、建築の構想をたててみないかというお話だった。私のほうでは、これを設計を委嘱されたととっていた。

　そして、当時私は建築家の職能確立ということにいささか関心を示していたので、設計の仕事ということの重さを少しでも一般に知って貰いたいと常々考えていた。そこで、いきなり、設計料の話をもち出した。お金が欲しいというのではない。お金の額が、どれだけ設計の仕事に対し評価してくれているかを示すと考えていたからだ。まだ何もしていないうちから、いくらお布施をくれるのか、それによって精の出し方が違うぞなどというさもしい心ではなかったが、そうとられても仕方がない。

　建築家協会では、仕事の種類によって、最低の標準というものを定めていたし、同職の者同士、仕事をやりたいばかりに値引きしたりしないことという申し合わせもあった。一方で、この大学セミナー・ハウスという意義ある仕事、大学にある身にとってまたとない機会、八王子の高低のある面白い敷地などと、私は大いに触手を動かしたく思うとともに、特殊な人間関係のため、奉仕すべきだという考えも動いていた。

　数日して、設計料率についての返事があった。私はそれにがっかりした。早大、女子大、東大の総長・学長といった日本の一番のインテリといってよい人たちが、設計という知的活動をそんなに低い職人芸くらいにとっているのかと淋しかった。業者に出精値引きをさせるような態度だったら、折角の仕事であっても、さいさきが悪いと思った。

　工事総額からすれば、設計料などはものの数ではない額なのだ。それを出し渋ったばかりに、工事総額で設計料の何倍も損する場合だって多いのだ。だから設計料などは金の問題ではないのであって、心の問題なのだ。そんなことのやりとりがあって、やっと年があけて設計契約ということに辿りついたことが思い出される。しかし、この出来事はいい結果を生んだと思う。私も大言壮語した以上、まともにそれに応える覚悟を固めることになったし、出来上がったものを大切にするきっかけをつくったと思う。

　私のいつもの癖で、与えられた課題に対しその根源を探りたくなる。ましてや大学セミナー・ハウスの場合は、既存の大学のように前例のあるものではないから、セミナーとは何ぞや、セミナーの運営がうまくゆくために何をなすべきか、等々疑問はいくらでも生じて、この答を得るために多くの方々の協力を求めた。とくに発案者の飯田宗一郎氏の考えをどのように形に翻訳するか、それを敷地の中にどう設定するかについては、いろいろな試みをやっては捨て、捨ててはまた拾いしたの

だった。

　この設計の最初の段階というもの、白紙の上に最初の一本の線が引かれるまで多くの迷いがある。このあたりは正に創世記の「地は定形なく曠空くして黒暗淵の面にあり、神の霊水の面を覆たりき、神光あれと言たまひければ光ありき、云々」というのが思い出される。神ならぬ私たちは、「神光を善と観たまへり神光と暗を分かちたまへり」という風にすぐにはつながらない。

　いってみれば、電化ストロボのように一寸光を射してみて、また闇に戻るようなことを何遍も繰り返すともいえる。曖昧だった線が少しずつ自信のあるしっかりと決まった線に変わってくる。決まってきた線にはさまざまな思いが込められるようになる。しかし、余りに早く一つの思いを込めてしまうと、もう他の思い入れを受け入れなくなるので、よく注意しないといけない。何回でもやり直しをおっくうがってはならない。

　すると往々にして矛盾した願いのいずれをも捨てられない場に追い込まれて悩むことにもなる。しかし、これこそ新しい考えの誕生のきっかけだ。だが山海経に描かれている動物のように、翼のある魚みたいなものにもなりかねない。これが飛び魚のようなまとまった形になるまでには、鯛や鱸が鱶に変わるまでの道程をだめと思っても執念をもって描き直してみないといけない。

　いろいろな概念を代わる代わる試してみる。またまた、セミナーとは何か、セミナーに集まる人たちは何をするのか、どういうことになったらセミナーがうまい結果を生んだといえるのか…などさまざまな角度からの検討がこれを助けてくれる。

　何を取り上げ、何を重点にするか、それが次第に決まってくれば、その光だ、その光は善と決心ができる。生命の誕生といってもいいかも知れない。だが、まだDNAのようなものだ。あるいはすでにRNAとなったか、蛋白質合成のもとが出来たにすぎない。お釈迦様が悟りを開いてから、まだ何日も坐禅を続けて、どう説いたらよいかを考案されたように、この生命の成育に、胎内での子供の発育を必要とする。

　それは表情につながる。ブッキラ捧な筋だけではいけなくて、目玉だけでなく顔を必要とする。肢体を必要とする。胚が胎児となることだ。母親が妊娠を意識するのはこの時だ。

　ここで初めてスケッチが出来上がって、皆にこんな児ではどうでしょうと示して見せることができる。この段階は外からの意見の一番大切な時だ。

　おかしげな薬がサリドマイド児を発生させることになりかねない。皆で守り育てようと心掛けると、胎児はすくすくと成長する。

　通常、建築の設計の仕事をここから先だけだと考える向きがある。だがすでに方向は決まったのだ。技術的な裏付けをして、各部が支障なく作動し、強固さをもたせる工夫にすぎない。多人数を動員できる段階だから、外から見た目には活発な作業が行なわれているかに見える。だが方向が決まっているから、もう選択の迷いは存在しない。どちらがいいかの判定の物差しがすでにあるからだ。

　要はどれだけ栄養を与え得るかだ。それは母体に係わる。過去の蓄積と、刻々の勉強とが必要だ。姿や形についての記憶がものをいう。技術に関する知識が助けとなる。施工する職人への配慮が大切だ。こうしてようやく基本設計と呼ばれる段階に到達して、一応世に生まれることになる。大学セミナー・ハウスをつくりたいということばは、ここで形姿として翻訳されたことになる。果たしてことばに込められていた心は、この姿の中に移り住んだだろうか。

　ここでまたことばのご厄介になる。曰く、「新しい大学のあり方を、ここ柚木の丘に打ちたてるべく楔を打ち込んだのだ」、「入口は狭いようでも中へ入ると広く深

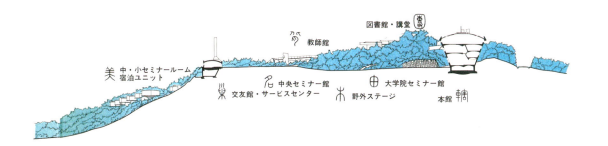

く、あちらこちらはずーっとつながっていて、学問とはそんなものだ」、「かつてハイカーたちがゴミを残していった所は、人々が好んでたむろする所だ」、「一人一人が己の城を持つことが、自分の意見をもつようになるもとだ」、「部屋が四角いと、どうしても上下の席ができるが、多角形だとお互い同格になりやすい」、「同じ中庭に面すると、連帯感が生じやすい」、「二つのものが向き合うと対立が生じやすい」、「遠くて不便なことが、偶然の出合いの機会をふやす」。……屁理屈といわれればそれまでだが、本来なら形が何のことばも用いずに、この気分を伝えたとき、本当の建築となるのだろう。

　それには工事をして、現物として実現されるまで待たねばならぬ。その間にもいろいろ紆余曲折はあるだろう。丁度赤児が一人前になるまでに育つ期間のようなものだ。

　母親は自分が子を生んだのだと思いがちだ。建築についていえば、設計者は自分が母親のようなものだと思っている。しかし、それには父が必要だ。施主がそれに相当する。大学セミナー・ハウスはいい父をもった。お蔭で1965年7月五体満足な姿で誕生、本館、サービスセンター、中央セミナー館、居住ユニットと各セミナー室とが出来上がった。2年後に図書館と講堂が、その翌年教師館として松下館やテニス・コートが加えられて、一応一通りのものが揃った。外の世界では大学紛争で荒れていたとき、大学セミナー・ハウスは逆にスクスクと育って、活動内容は世の評価を受けるようになっていった。

　セミナーということばが、大学内のゼミとは別の意味をもち出した。各地にセミナー・ハウスという名のついた施設がつくられるようになった。しかし父親が違い、母親も違っているので、いろいろなセミナー・ハウスとして、日本各地に育ち始めた。

　大学セミナー・ハウスはこのころから、新しいセミナー活動について想を新たにして新しい姿を求めていった。そして1970年長期セミナー館が生まれた。そしてまた活動の幅を広げてゆくことも心がけた。1973年、野外ステージが出来た。これはごく初期から、地形がこれを暗示していたのだが、木が育ってその機が熟してきたのであった。

　1975年、日本の伝統を見直す心は、旧い民家を移築して遠来荘と名付けられた。その年大学院セミナーとして、交歓の場を兼ねるものが加えられた。そして世界へのつながりへと夢は広げられ、1978年に国際セミナー館がつくられた。同時に長らく風景の中に不足していた水を屋上に実現しようとしたことがきっかけで、谷間に池がつくられた。そしてサービスセンターが単なる物資や衛生の提供のほかに、眺めと休息を加えた交友館として加えられた。

　15年前に素朴だった一つの活動は、年輪を加えるに従って豊かさを増した。まるで兄弟姉妹が賑やかに楽しく語っているようになった。もし一気にこれだけのものを求められたら、あまりに一本調子に統一されてしまったかも知れない。一人っ子の淋しさになったかも知れないと思う。
U研で中心になってくれた人、通過する折りに携わった人、それらの手が加わって、多様さをもちながら、父母の筋が一つにつないでいる。これは幸せなことだった。そのような機会の与えられたことを心から感謝したい。

　そしてセミナー・ハウスという新しいことばを日本語の一つに加え得たといえるだろうか。

（よしざかたかまさ　建築家）

「大学セミナー・ハウス 1965—78」『建築文化』彰国社 1979年9月号初出

Words Become Form, Form Begets Words

Yosizaka Takamasa

吉阪隆正

セミナーハウスで、左から、飯田宗一郎、松崎義徳、吉阪隆正 1976年*

Fifteen years have passed since the completion of the initial phase of the Inter-University Seminar House. Since that time, new structures have gradually been added every few years. Meanwhile, the surrounding trees have matured, and the once bald mountain has transformed into a forest, revealing the passage of those years. It is gratifying to see the first-phase structures have been maintained as if they were built yesterday.

Master architect Togo Murano once said that creating architecture is like raising a daughter. Although completion ceremonies for his buildings always made him feel as though he were giving away his daughter's hand in marriage, he would assure himself that she would be well cared for by the fine beneficiary. For me, the University Seminar House was just such an example.

I recalled the time I was introduced to the project when I had just returned from Universidad Nacional de Tucumán in Argentina. Professor Nobuto Ohama, then serving as the dean of Waseda University where I was teaching, casually inquired whether I would be interested in creating an architectural concept for a university seminar house since the site was already selected. While I had interpreted this as an official request for the design commission, in retrospect, it was a favorable misunderstanding.

My concern with establishing wage rates for architecture as a professional practice around that time made me eager to publicize the value of design work. I therefore abruptly brought up the issue of design cost; this was not out of interest in my own financial gain, but rather to reveal the clients' valuation of architectural design work. Although I did not intend to brashly suggest that I would only work in proportion to the fee offered, my attitude may have been misinterpreted as such. The base rates for various types of architectural design work had already been established by the Japan Institute of Architects, and an agreement had existed among fellow architects not to reduce rates in order to gain commissions.

On the other hand, as a university academic, the prospect of this rare and meaningful design opportunity and the unique site in Hachioji with varying topography stirred my bones. Moreover, I felt obliged to render my services because of my unique professional association.

The response regarding the design rate that I received several days later disappointed me. It was disheartening to know that those considered as the nation's intelligentsia—deans of Japan's top universities such as Waseda University, Japan Women's University, and the University of Tokyo—had considered the intellectual activity of architectural design as a common tradesperson's skill. I felt it would be a bad omen if their stance was to force contractors to reduce their fees for their services.

I spent several months elucidating to my potential client that the design fee constitutes a very small percentage of the total construction fee, and that I had seen many examples where clients lose many more times that amount in construction costs in their attempt to save on the original design fee. All this implied that, ultimately, the design fee isn't really a money issue but a matter of the mind. At the beginning of the following year, we settled upon a design contract. Such initial discord eventually led to a good result; my ostentatious discourse reached a fitting resolution and incited more value for the finished product.

As I generally do in my professional work, I like to search for the very core of the challenge. A number of questions arose since there was no precedent for such a facility as an Inter-University Seminar House. I sought the cooperation of many people to find answers to such questions as what a seminar house really should be and how it would be able to smoothly operate. Particularly difficult was the task of accurately translating the concept of the founder Soichiro Iida into form and arranging it on the site. It was a process of trial and error, in which I repeatedly abandoned ideas only to retrieve them again.

There was much deliberation before I was able to draw the first line on a blank sheet of paper for the initial phase of the design. The process reminded me of a passage from the New Testament in the Bible: "In the beginning God created the heaven and the earth. And the earth was without form, and void; and darkness was upon the face of the deep. And the Spirit of God moved upon the face of the waters. And God said, Let there be light: and there was light." It goes on to say "God saw that the light was good, and he separated the light from the darkness..." But alas, the human is not almighty.

宿泊ユニットの枠詳細を語る大竹十一
1998年

本館断面の構造を語る松崎＊

講堂竣工時に、松崎と構造設計の田中彌壽雄
1967年頃＊

The design process was like a repeated attempt to invite light, only for darkness to take over each time after an instantaneous flash. Gradually, ambiguous lines transformed into decisive ones in which various ideas could then be incorporated. It was tempting at this stage to be partial to some ideas over others, but since that would preclude other possibilities, I had to painstakingly start afresh, over and over again.

Sometimes in the process of designing, I was troubled with conflicting ideas that both appeared essential, but such situations helped me to give birth to innovative solutions. The first sketches may have been as grotesque as the mythical winged fish beasts depicted in the *Shān Hāi Jīng* (*The Classic of Mountains and Seas*, an ancient Chinese mythic document). For the culmination of the strange form into a coherent one resembling a bonafide flying fish, I had to draw reams of sketches as if tracing the mythical evolution of peculiar winged fishes; it was an undertaking that required perseverance. I kept applying different notions while speculating on the issues of "seminars"—what they are, what the participants do, and what they try to achieve at them.

Once I was able to determine what to address and what to emphasize, I could clearly see it as the light—the light that I could claim was "good". Perhaps this was akin to giving birth to a lifeform, although maybe more similar to supplying the DNA. Or rather, it may have advanced to the stage where it had been transcribed into RNA or had become translated for protein synthesis. The original concept still needed to be nurtured as an embryo that needs protection, just as the Buddha had to meditate for many days after gaining his spiritual enlightenment to gain insight how best to teach it.

The embryo of my project then started to take form and found expression, as if it were shaping forms into eyes, then a face, and eventually adding limbs. This is the stage where the embryo becomes a fetus, and when a mother becomes aware of her conception.

When my first sketch was completed, I showed around my creation and asked if it looked okay. It was important for me to get feedback from a third party at this stage while protecting and nurturing the core features so that the random input would not cause any deformity, just as some drug like Thalidomide might cause birth defects in a developing fetus. With collective efforts, my design smoothly developed.

It is generally assumed that the work of architectural design starts when an architect has grasped the core concept, where his duty is to provide technical support according to the direction revealed in the sketch, and to devise ways to make parts durable and operate without trouble. At this stage, the work becomes straightforward without much room for indecision. It appears to move at a considerable speed because many hands become involved, with criterion for making choices already in place.

I then had to cultivate my design with all the maternal instinct I could muster—the knowledge and experiences I had accumulated along with my effort to absorb new information. Memories of different shapes and forms, technical understanding, and constructability—all that I had acquired in my professional career was applied. Finally, what is referred to as the basic design—the plan of the project—was given birth. The intention of creating the Inter-University Seminar House, which had been expressed through so many words was thus translated into form. I repeatedly asked myself if the spirit of the intent had been successfully transferred to the resulting design.

The plan was once again revealed for more discussion and I had received such feedback as:
"A stake was driven into Yuginooka Hill in pursuit of the ideal of university education."
"The narrow entrance resembles the discipline of a scholar, with expansive terrain in every direction."
"Trash that was left by hikers indicates spots where people like to gather."
"Private lodging fosters an independent spirit."
"Hierarchy in seating positions cannot be avoided when a room is square, but polygonal rooms facilitate equality."
"A sense of solidarity can be obtained when multiple buildings share a courtyard."
"Objects that directly face one another tend to create discord."
"Chances for accidental encounters are optimized when buildings are inconveniently located in respect to one another."

Being the quibbler I was, I believed true architecture emerges when the expression in form becomes

開館30周年記念会に集う創設メンバー
左から松崎、城内哲彦、滝澤健児、大竹
1995年

長期館に集合したU研究室関係の仲間たち
1995年

self-evident as in such verbal statements.

I was anxious for the completion of the structure, which awaited many potential obstacles; it was as if I were watching over an infant until it could stand on its own.

Although there is a tendency for a mother to think of herself as the sole procreator of her child, its birth would not have been possible without a father. In terms of building design, the architect is like a mother, and the patron, the father. The Inter-University Seminar House has a good father whose role was essential in the birth of our healthy baby in July 1965: a complex comprising of Main Building, Service Center, Central Seminar Room, Unit House and seminar rooms. With the addition of a library seminar house and auditorium two years later, and the MATSUSHITA House for teachers and a tennis court the next, the facility fulfilled the basic needs of the visitors. While university campuses were in chaos by student protests, the Inter-University Seminar House was enjoying continuous development and favorable appraisal from the public.

Through this enterprise, the word "seminar" took on a meaning other than its general collegiate term *zemi* in Japanese that refers to long-term workshops under supervision of a professor. Facilities referred to as "seminar houses" spread to other regions, and variants of them sprouted up all over Japan, albeit with different parentage of clients and architects.

Around this time, we started to search for a new format to incorporate the new types of seminar activities within the project's setting. In 1970, an attempt to fulfill this demand came in the form of an addition of Extended-stay House. Another response to enhance the potential of the amenities was an Open-air Theater built in 1973. From a very early stage, the contours of the topography had suggested its location, and the maturing of the verdant trees made it clear the time was ripe.

In 1975, concerted interest in reassessing the value of Japanese tradition led to the reconstruction of an old folk house on the grounds, and it was christened with the name "ENRAI-SOU" (meaning "distant visitor cottage"). In the same year, another structure was added for the dual use for Seminer Room for Graduate-Students and reception venues. In 1978, International House was created with a vision toward a more global outlook.

Around the same time, a pond was created in the valley in lieu of earlier plans for a rooftop pond to introduce a water feature to the landscape. Later, the same year, an observation deck and rest area was extended to the original service center with bathing and linen amenities, transforming it into Fellowship Hall.

Each year of growth adds more richness to what began as a simple project fifteen years earlier. The collection of buildings is like siblings enjoying lively conversation. Had all of the structures been commissioned at once, the monotonous uniformity that may have resulted would have likely engendered the loneliness of an only child.

With the support of the project's core design associates at Atelier U as well as those who participated in the work along the way, the diverse buildings are connected through a single paternal lineage. It was an exceptionally felicitous situation and I'm grateful for having been granted such an opportunity.

Perhaps we may proudly claim that the addition of the term "seminar house" to the Japanese language is the result of our endeavor.

English translation by Norie Lynn Fukuda and Michiyo Shibuya
英訳：福田能梨絵・渋谷径代

大学セミナー・ハウスとは何か

飯田宗一郎

初めに言を創る

　大学セミナー・ハウスが地上に出現するまでには、長い準備期があった。昭和40年7月5日(1965年)の開館までの7年は、「セミナー・ハウス」の理念をはぐくんだ胎動期であった。

　私はしばしば「セミナー・ハウス」のような施設は、どこか外国にもあるのですか、と聞かれる。構えた言い方になるけれど、「セミナー・ハウス」のカタログは、世界の何処にもなかった。「セミナー・ハウス」とは、私が理念を表現すべく考えぬいた末に創った新造語である。

　大学の現況を至近距離から観たものでなく、現実の深層に入って、最も原理的なものを現代に回復させることを目差したのが「セミナー・ハウス」であるということである。

構想のいとぐちをつかむ

　戦後の教育改革によって、新制大学は量的に目ざましい発展を遂げた。その結果、大学はマンモス化し、教育はマスプロ化した。このような好ましくない教育環境の中から生まれる学生の不満に耳を傾けるならば、教授と学生の接触を多くし、また学生と学生との間に交友感情をつくるため、人間性のあふれた場が必要であるという意見が生まれるのは、当然のことであった。

　他方において、日本の大学は極めて閉鎖的である。教授相互の間にも、学部相互の間にも、いわんや国公私立大学相互の間には、全く交流がないのが実状である。高等教育という共通の基盤で、それぞれが相互に接触し、交流する場があるならば、人間としての成長に必要な経験や機会が与えられるものと思われる。このような事態に直面している大学の状況を問い直してみたとき、私の頭に浮かんだのが「セミナー・ハウス」のイメージである。

人と時に出会う

　人生の不思議さは、ある時、ある人に出会うことである。構想がまとまるにつれ、それを実現に結びつけたいという私の願いは、日に月に大きくなるばかりであった。私は50歳を待って、人生の跳躍台に立った。大学の職を離れて決意を公けにした。それは神と共にする冒険であった。

　しかし、一朝一夕に実現できるとは思わなかった。建設計画を進めるためには、まず広い視野と高い見識に訴えて、その批判と協力を仰ぐ必要があった。昭和34年はもっぱらそのために費した。1月には日本女子大学長室に上代たの先生を訪ねた。先生は打てば響くように賛同して下さった。2月には東京大学総長室に茅誠司先生を訪ねた。初対面であるにもかかわらず北大教授時代の経験などから、好意的な反応を示された。3月には早稲田大学総長室に大浜信泉先生を訪ねた。先生とは日本私立大学連盟理事会などで、しばしば行動を共にしている間柄なので、率直な意見の交換を行なうことができた。

　昭和35年は安保改定反対運動が激化し、大学もまた騒然としていたので、私の説得にもかかわらず、計画は少しも進展しなかった。進展しないもう一つの理由は、建設資金をつくる募金運動の柱となって下さる財界人が容易に見つからなかったためであった。

　昭和36年11月21日、三井銀行会長室に佐藤喜一郎氏を訪問するまでの日々は、見えざる御手の導きを祈るばかりであった。どこの大学でも共同で使用できる施設であるという一点に佐藤会長は多大の関心を示された。同氏が大学問題について高い見識をもっておられることを知り、私は心から敬服した。この日を起点として建設計画は急速に歩み出した。そして昭和36年11月には財団法人設立発起人会を開くことができた。

飯田宗一郎氏
1995年

本館食堂に架けられた「思想は高潔に、生活は簡素に」の生活信条、「Plain living and high thinking」は飯田の書 2012年

設計者と敷地を決める

「セミナー・ハウス」はユートピアである。その理念を盛るのが建築である。創意に富んだ設計が望ましい。場所としては、時間的にも距離的にも郊外にある静かな自然がよい。以上のような視点に立って早稲田大学建築科教授吉阪隆正氏と同教授の主宰する研究室に設計監理を依頼した。設計のユニークさと相まって、「セミナー・ハウス」の革新性が発揮されたことは疑いない。

多摩は古い土地である。私は新天地を求めて多摩丘陵の峯々に登った。旧中山部落に近い丘陵の一角に雑木林を今に残している約2万坪の土地を探しあてた。ここを敷地に決定したことをいまも悔いていない。

「もう一つの大学」と呼ばれる

日常生活は「思想は高潔に、生活は簡素に」をモットーとして営まれている。七つのセミナー室と七つの宿舎群を象徴した7枚の葉のマークが印象的である。大学共同セミナー、国際学生セミナー、大学教員懇談会、個別大学のゼミナールと新入生オリエンテーション、大学英語教育学会、日米学生会議などが長期・短期そして大小の規模で常時開かれている。年間約1、000回、宿泊延人員約50、000人。いかなる高遠な学問も語るだけでは、学生の心の中に感動を起こすことはない。15年の記録がそのことを証言している。

大学セミナー・ハウスとは何か。その問に対し、「建物と人間と理念の総合」であると私は答えている。

（いいだそういちろう　大学セミナー・ハウス　提唱者）

「大学セミナー・ハウス 1965—78」『建築文化』彰国社 1979年9月号　初出

マーク原型

1:1｜原図｜1965年6月24日｜大竹十一｜トレーシングペーパー、鉛筆、インク｜310×213

シンボルマークの〈7枚の葉〉を考案したのはU研究室。緑豊かな樹木の葉と宿舎の7つの群を示し、古来縁起のよい数と若芽の育ちをあらわした

Defining the Inter-University Seminar House

Soichiro Iida
Advocate of the Inter-University Seminar House

松下館の屋上から西に丹沢と富士山を望む
2012 年

In the Beginning the Word was Created

The Inter-University Seminar House came into existence after a long period of preparation. I refer to the seven years that led to its opening on July 5, 1965 as the gestation period in which its principles were nurtured. Often I am asked whether facilities like seminar houses exist in other countries. Although it may sound defensive, my response is that there was no prototype anywhere in the world. "Seminar house" was a newly coined term to express my rigorously thought-out concept. The project was my attempt to restore the most fundamental principles of universities by probing into their inner workings rather than assessing them by their external appearance.

Forming the Concept

In Japan, postwar educational reform greatly contributed to the expansion of universities resulting in oversized schools and classrooms. It was evident that a setting for more humane activities was needed. My natural response to the voices of students who were experiencing such an undesirable academic environments was a place that facilitates interaction between professors and students as well as among students themselves. Japanese universities are very exclusive. Professors have little interaction with one another and there is virtually no interdepartmental exchange or inter-college exchange among universities on a national, public or private level. In the shared framework of higher education, a venue for mutual exchange would afford experiences and opportunities necessary for personal growth. Deliberating upon this situation that had befallen our universities, I conceived the image of a "seminar house".

Timely Encounters

The wonder of life is the serendipity of chance meetings with others. As the concept for the seminar house solidified, my wish to bring it to realization became greater and greater by the day. When I turned fifty, I made a firm resolution and resigned from my work at the university to make my idea public: it was as if I were standing upon the springboard of life. It was an adventure with God.

Of course, I did not expect my plan to be realized overnight. In order to proceed to the architectural planning, it was first necessary to appeal to others with a wide perspective and keen insight for receiving criticism and cooperation. I expended the entire year of 1959 solely for that purpose.

In January, I visited Professor Tano Jodai, the dean of Japan Women's University, who quickly approved my plan. In February, I met with Professor Seiji Kaya, the dean of Tokyo University. Although it was our first time to meet, drawing from his challenges as a professor at Hokkaido University and other institutions, he responded favorably. Then in March, I visited with Professor Nobumoto Ohama, the dean of Waseda University. Since we often associated with one another at board meetings of the Japan Association of Private Colleges and Universities, we were able to engage in frank discourse.

Despite my efforts, the project did not move forward in the entire year of 1960 because of the students' campaign against the revision of the Japan-U.S. Security Treaty that was disrupting universities. Moreover, I could not find a financer to lead the fund-raising campaign for construction funds.

I had been praying for divine guidance until finally meeting Kiichiro Sato, the president of Mitsui Bank on November 21, 1961. President Sato showed great interest on the singular point that the facilities could be used by any university. I sincerely appreciated his keen insight on university issues. From that day onward, the plan promptly proceeded and we were able to hold a founder's conference by the end of the month.

Selecting the Architect and Site

The Inter-University Seminar House must be a utopia, and the architecture was to concretize that concept. My wish was for an inventive design and a site with natural surroundings in the suburbs—proximate to Tokyo both in terms of time and distance. With the above points in mind, I commissioned the design to Takamasa Yosizaka, who was a professor of architecture at Waseda University, and the research laboratory in his charge. Without a doubt, innovativeness of this project was demonstrated through the uniqueness of his design.

The land in Tama Hills had been inhabited since ancient times. In search for an ideal site location, I hiked across the peaks of Tama Hills. Amidst that area, I found approximately 66,000 square meters of land on a grove along a hill, near a former Nakayama settlement. Even today, I believe I made the right decision in selecting this site.

An "Alternative University"

"Plain living and high thinking" is the motto of daily operations at the Inter-University Seminar House.

For the motif, a silhouette of seven leaves is used to symbolize the organization's seven seminar rooms and seven lodging facilities. The facility continuously holds approximately one thousand conferences per year, both large and small in scale, and long and short in term. Nearly 5,000 guests are accommodated annually for venues that include inter-university seminars, international student seminars, university faculty meetings, seminars for individual universities, student orientations, Japan Association of College English Teachers gatherings and Japan-U.S. student conferences. However noble a field of study may be, one-directional dialogue will never ignite the same fire in a student's heart as sincere mutual interaction. The documentation of our 15 years of history of is a testament to this fact. In conclusion, if asked how to define the Inter-University Seminar House, I would respond that it is a convergence of building, human, and concept.

English translation by Norie Lynn Fukuda and Michiyo Shibuya

英訳：福田能梨絵・渋谷径代

配置図

1：500｜原図｜-｜松崎義徳*｜トレーシングペーパー、鉛筆、色鉛筆、インク｜643×794

設計が始まった1963年から設計の進行にあわせて描き続けてきた図面、等高線に沿って配置された7つの宿泊群、8期に渡る増築と細かくめぐらした道のネットワーク、谷につくられた池などが生き生きと松崎の手で描き加えられた

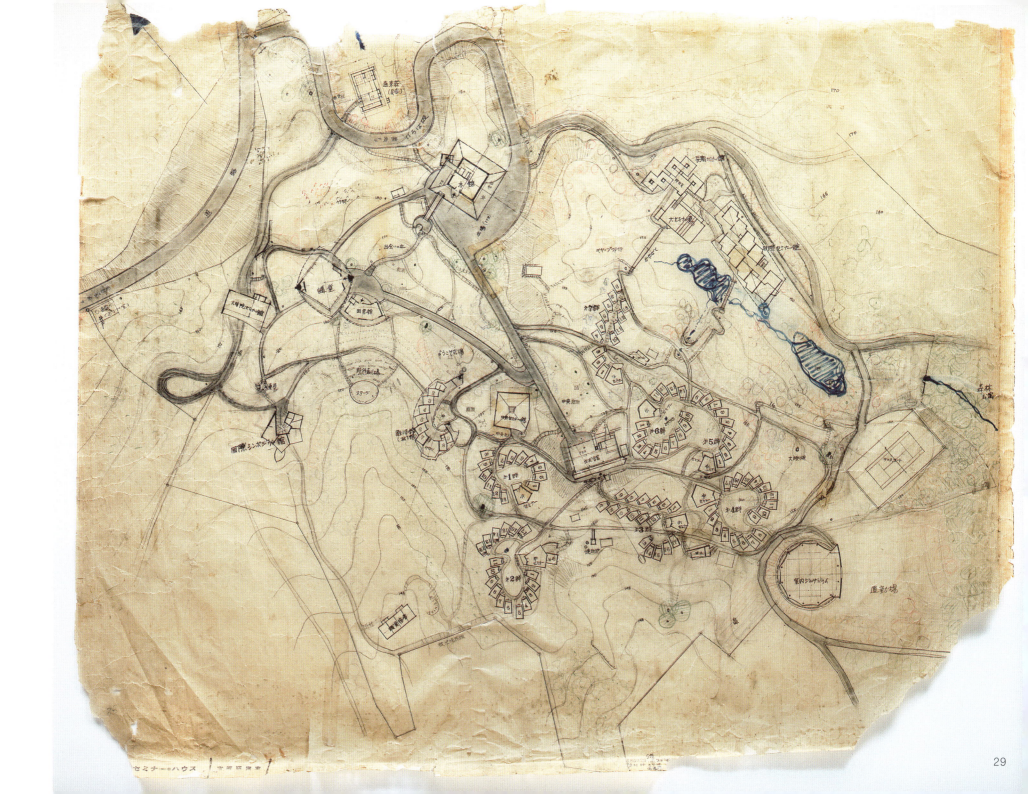

1期

本館　宿舎100棟
セミナー室7棟
中央セミナー室
サービスセンター　職員宿舎

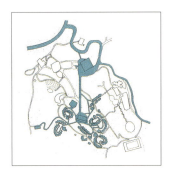

設計開始／1962年11月
施工期間／1963年11月–1965年7月

この多摩の丘に楔を打ち込んだ形をした本館は、訪れる人たちに程度の差はあれ、あるショックを与えるようである。一度来た人はこの形を忘れる人はあるまい。大地に楔を打ち込んで、「ここが大学セミナー・ハウスである」、「これが大学セミナー・ハウスだ」と言っているのである。今でこそ「大学セミナー・ハウス」の名はいろんなところで言われるし、関西や京都府立、東京都立のセミナー・ハウスがつくられ、各大学もセミナー・ハウスをもつようになった。今から17年前、創立者飯田館長にこの「大学セミナー・ハウス」の構想を聞かされたとき（最初は大学の字はなく、ただセミナー・ハウスだけだった）、何をする所やら、何を建てればよいのやら見当もつかない状態だった。ここで言えることは、「ここに楔を打ち込んで大学セミナーとしよう」と言って形が出てくる訳がないのである。ほとんど99%決定した本館の形は、今のとはまるで違ったものだった。それがある日、滝沢氏がヒョイと逆さにした模型を見て、他の者も、「大学セミナー・ハウス」のすべてを、理念も、哲学もそして要求機能をも満足しそうだと一瞬に感じたのである。この逆さピラミッド案を少しの躊躇もなく受けられた館長には、こちらがびっくりした。
「大学セミナー・ハウス」の形はこの形以外にないのである。そして二度と使えないものなのだ。形とはそのようなものである。

谷に架かる茅橋と本館　1997年

本館
建築面積／426.48㎡
延床面積／1371.33㎡
M4階：　42.62㎡
4階：　426.48㎡
3階：　343.61㎡
2階：　191.88㎡
1階：　199.04㎡
B1階：　167.70㎡

宿泊ユニット　単位面積（100棟）
建築面積／14.39㎡
延床面積／14.39㎡

中セミナー室　単位面積（2棟）
建築面積／56.53㎡
延床面積／56.63㎡

小セミナー室　単位面積（5棟）
建築面積／43.73㎡
延床面積／41.33㎡

中央セミナー室
建築面積／170.95㎡
延床面積／189.87㎡
2階：　32.57㎡
1階：　150.30㎡

サービスセンター
建築面積／144.97㎡
延床面積／144.97㎡

本館　断面図

1:50｜原図｜大竹十一｜トレーシングペーパー、鉛筆、色鉛筆、インク｜551×793

逆ピラミッドの本館は構造家、田中彌壽雄の構造設計。基礎も床スラブ、屋根もシェル構造。スキップフロアーがリズムを刻む

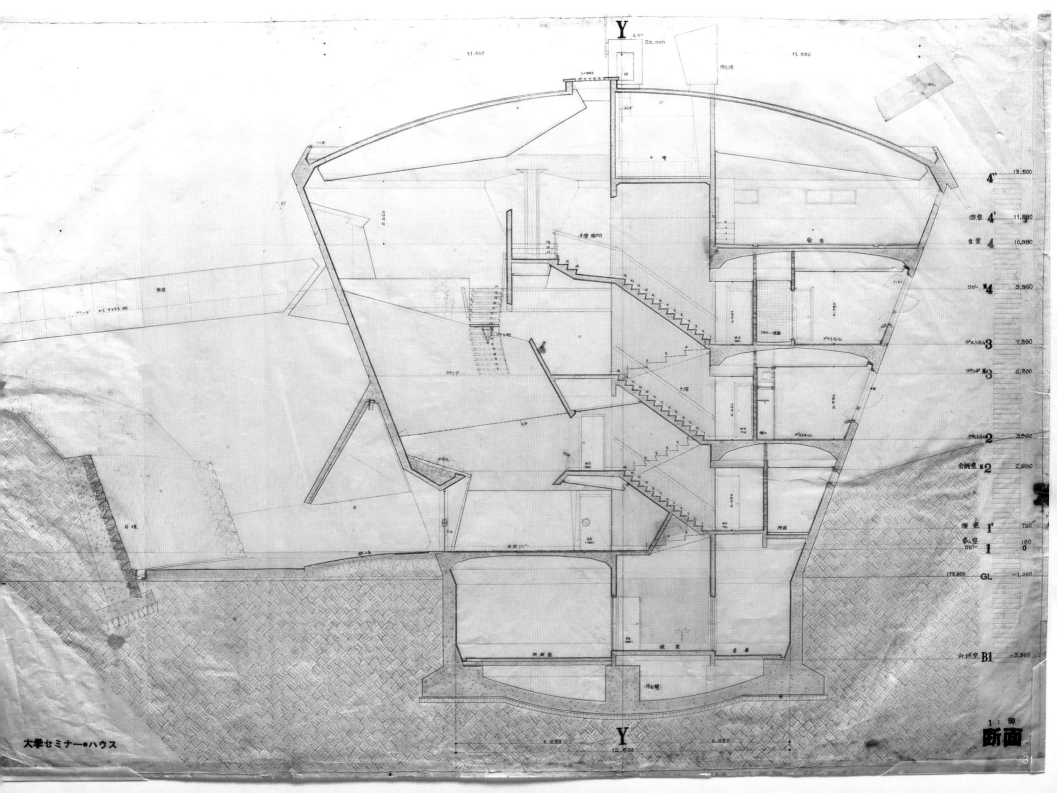

本館　階段詳細
（パイプ）

1:10｜1965年5月15日｜原図｜矢内秀幸｜トレーシングペーパー、鉛筆、色鉛筆、インク｜545×805

スチールパープと木の集成材を組み合わせた階段の詳細施工図

本館
中4階ブリッジ入口
詳細及び中3階図書
コーナー窓

1:20｜原図｜1964年12月30日｜大竹康市｜トレーシングペーパー、鉛筆、色鉛筆、インク｜404×557

本館西側のブリッジ入口と窓のコンクリート部分の詳細図。&の図面番号は現場に入ってから描く詳細図。現場で描く図面の量が圧倒的に多い。施工のための図面を1/20,1/10,1/5,1/1と延々描き続ける。コンクリート端部の角度、面の取り方を考えて描く

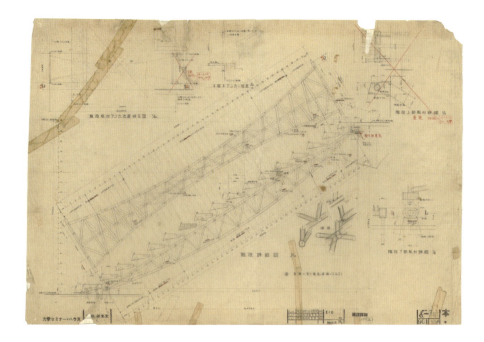

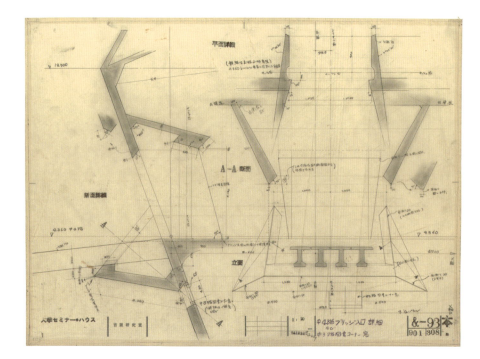

ラウンジから食堂への階段

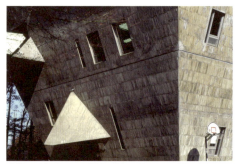

本館エントランスの庇とブリッジ　1997年

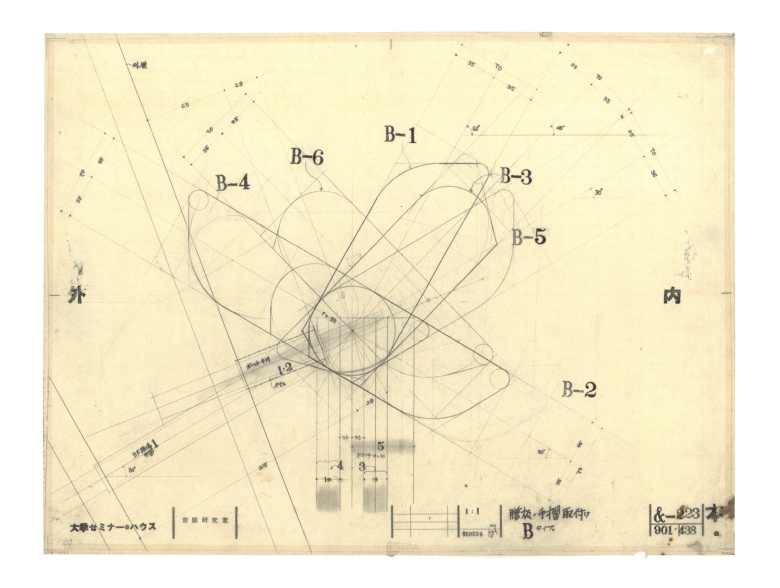

木の手摺は長めにつくって取付けて、現場に行ってその場で端部を切り落とした。触る、掴む、滑らせる、寄りかかる、もたれる、腰掛けると、人とものの関係を考えて描く原寸　2012年

3階ラウンジの手摺　2012年

本館
膳板・手摺取付け
Bタイプ

1:1｜原図｜1965年5月29日｜松崎義徳｜トレーシングペーパー、鉛筆、インク｜407×556

木製手摺の原寸図、6タイプの取り付け詳細が描かれている。このほかにA,Cタイプがある

宿泊ユニット
平面図、断面図、立面図

原図｜1:25｜1965年10月16日｜トレーシングペーパー、鉛筆、色鉛筆、インク｜406×555

壁はL型に四分割し、コーナーに丸面をとってふっくらと仕上げいる。コストを押さえるために合板のパネルを組み立てる手工業的プレファブ構造

原寸　宿泊ユニット
窓枠及びAW

原図｜1:1｜1965年10月19日｜大竹十一*｜トレーシングペーパー、鉛筆、インク｜420×582

コストを考えて不二サッシが開発した家庭用の片引き引き戸タイプのアルミサッシを使用した。部材も薄く頼りなかったので、木枠に工夫をしたと大竹は語る。材を斜めにして、外側は水を切り、影をつくる。手が触れる内部でも厚みを抑えた材料を斜めにして奥行きをだす工夫をしている。材料費を抑えて手間をかける工夫がローコスト化になった当時の工事費を抑える手法であった

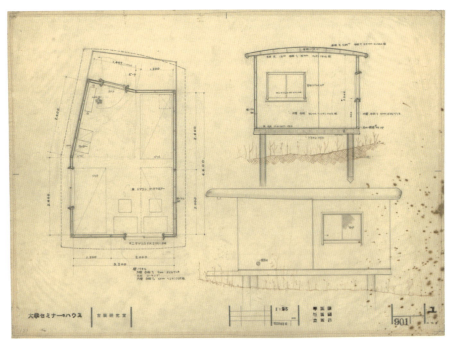

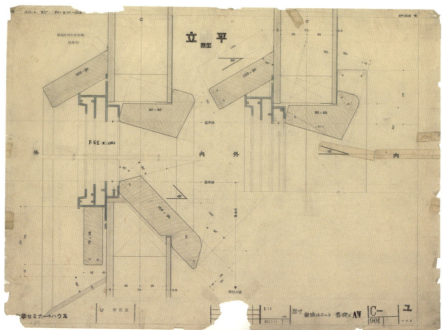

一群のユニットハウス屋根　2006年

ユニットハウスの窓枠　2012年

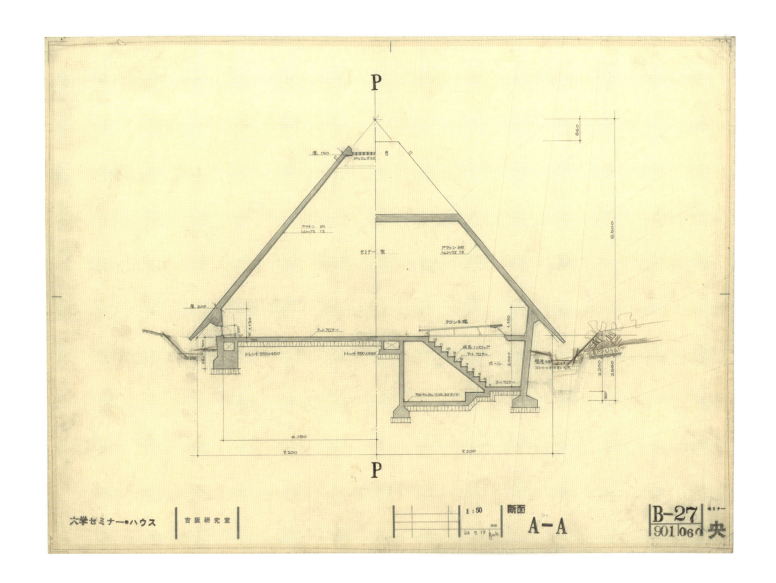

セミナー室内部　1997 年

エントランスへの階段まわりの手摺は
低いベンチの高さに設計した
1997 年

中央セミナー室
断面図 A-A

原図｜1:50｜1964年5月17日｜トレーシングペーパー、鉛筆、色鉛筆、インク｜405×556

民家にヒントを得て、大きな屋根を架けたピラミッド型のセミナー室にはトップライトから光がおちる

2期

講堂　図書館

設計開始／1966年5月
施工期間／1966年11月-1967年7月

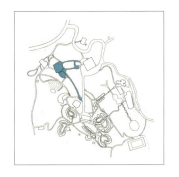

講堂と図書館の2つの
シェル構造の屋根は実
験的な構造であった
1997年

講堂
建築面積／420.72㎡
延床面積／356.60㎡
　1階：288.00㎡
　B1階：68.60㎡

図書館
建築面積／137.85㎡
延床面積／171.82㎡
　1階：86.91㎡
　B1階：84.91㎡

すべてが終わった……と思った。
設計を始めてから、2年7カ月を経て、大学セミナー・ハウスは完成した。これですべてが終わったと思った。張り詰めた気持は一時に緩んでしまった。ところがそうではなかった。これはセミナー・ハウスが生成してゆくための第一歩だった。

造成工事をできる限りなくして、自然の傾斜そのものに114戸の建物を植え込んだが、そこら中赤土がむき出しで、これらの建物群を結ぶ山道も、雨が降れば泥んこだった。まずあらゆる努力が植樹と道づくりに払われた。町づくりが、まず緑を植え、人の歩ける道づくりから始まるように。大学セミナー・ハウスが開館してすぐに始まった大学紛争、大学自体や社会の移り変わり、また国際社会の変動に対して、セミナー・ハウスは常に一歩先を歩いていた。セミナー・ハウス自体は彼自身の根をもっとしっかり、多摩の丘に下ろしながら。開館以来15年、隔年くらいに、建物が一つ一つ誕生していった。この丘陵で一番高い所に誕生した講堂と図書館は本館とブリッジで結ばれている。今まで本館、宿舎村の二極構造だったのが、三角形の構成となった。この講堂には教壇がない。勿論、七つのセミナー室にも、中央セミナー室にも、大学なら何処にでもある教壇がないのである。一方的に教えられるのでなく、教師と学生が同じフロアで膝を交えて共に問題を考え、模索する場所なのである。教師も学生も共に学ぶ場所なのである。だんだんセミナー・ハウスの本質が判ってきた。そして、これが現代の松下村塾と言われる所謂である。

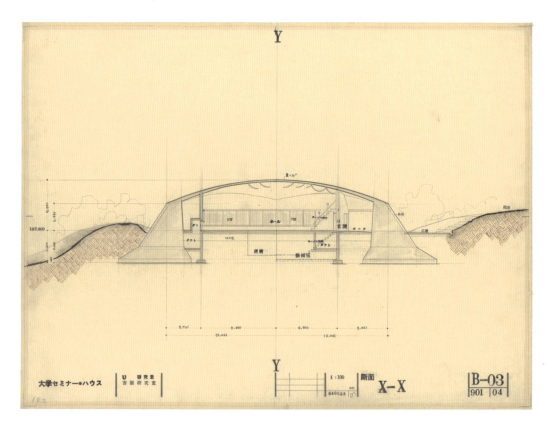

講堂　断面図　X-X

1:100｜原図｜1964年6月23日｜松崎義徳｜トレーシングペーパー、鉛筆、色鉛筆、インク｜406×557

屋根を支持する柱と基礎部分の断面

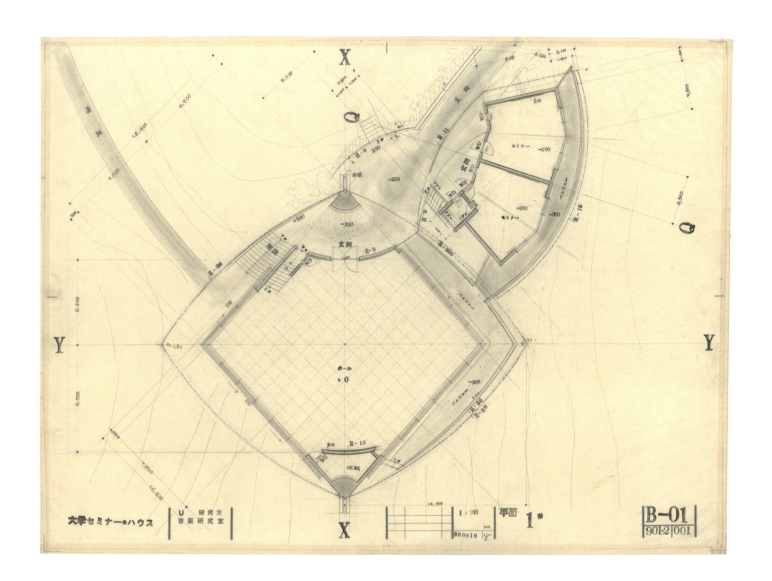

建具を引き込み、コーナーを開放した
講堂のベランダに立つ松崎
1967年＊

講堂・図書館
平面図　1階

1:100｜原図｜1964年6月22日｜松崎義徳｜トレーシングペーパー、鉛筆、インク｜406×560

講堂のシェル構造の屋根は対角線の2点で支持し、ヤジロベエのようにバランスを取って吊る構造になっている。西側の富士の方向には柱を立てずに大きく開放できるようにした

3期

松下館　テニスコート

設計開始／1967年11月
施工期間／1968年4月-12月

中庭を囲んで地形に沿って配置した、教師のための宿泊施設。高低差を生かして床レベルに変化をつけ、屋上庭園は富士を眺める広場になった
2007年

松下館
建築面積／396.30㎡
延床面積／276.22㎡
2階：93.48㎡
1階：182.74㎡

ピラミッド型の中央セミナー室を囲む形で円錐型シェルの連続屋根がある。この屋上には土を置き、芝やすすきが植わっている。講堂、図書館の円殻シェルに続き、この松下館の構造もシェル構造を採用している。本館、サービスセンターで全体に使用したシリンダーシェル、楕円シェル等、シェルに取り憑かれた時代である。この建物までは本館や中央セミナー室などのデザインの影響下にあった。こちらの心もとっぷり本館をつくった池泉の中に浸っていた。同じ時期に、テニスコートをつくるようになった。セミナーに疲れた人たちが素足で野外に飛び出して、テニスやバレーボールに興じられるようになった。セミナー・ハウスもだいたい施設が出来終えて、リクリエーションを考える時期に来ていた。この松下館はまた松下記念館の名をもつように、松下幸之助氏の寄贈による。この大学セミナー・ハウスは一私人飯田宗一郎氏の心に芽生えた魂が、いろんな人びとの心を動かし、小は個人から、大企業に至る寄付によってこの世に生まれ出たのである。実に彼の情熱と使命感は無から有を生ぜしめた。この松下館で、セミナー・ハウスは一応の完成をみた。初期の構想は成就した。

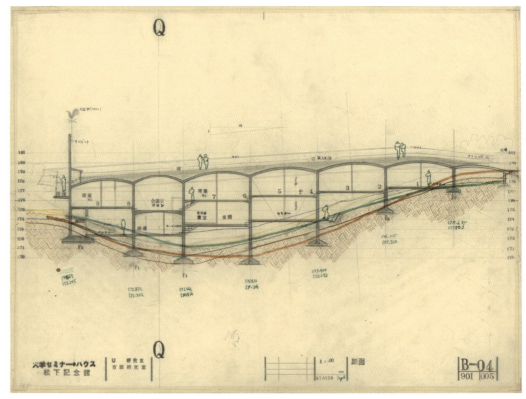

松下館　断面図

原図｜1:100｜1967年7月19日｜松崎義徳｜トレーシングペーパー、鉛筆、色鉛筆、インク｜408×556

傾斜を読み込んで、レベルを決め、下には通り抜けの道をつくり、丘からは屋根につなげている

松下館
平面図　2階

1:100｜原図｜1968年1月24日｜松崎義徳｜トレーシングペーパー、鉛筆、インク｜402×549

RCの構造壁と木造の造作壁で構成した宿泊室、軸線をずらしながら地形になじませている

4・5期

長期館　長期館セミナー室
茅橋　4群便所（4期）
野外ステージ　ベンチ（5期）

設計開始／1968年12月
施工期間／1969年9月-1970年5月

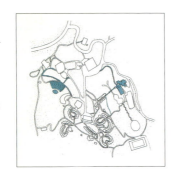

長期館宿泊室内部、ひとつの空間の中にレベル差のある宿泊コーナーを設けている
2012年

長期館、長期館セミナー室
建築面積／335.75㎡
延床面積／577.76㎡
宿泊棟
2階：163.82㎡
1階：191.76㎡

セミナー室
1階：163.99㎡
B1階： 58.19㎡

野外ステージ
建築面積／91.85㎡

大学セミナー・ハウスはまた新しい道を開き始めた。長期滞在グループや、教職員や社会人の研修が盛んに行なわれ、これら学会や教育団体、社会人団体の学際的研究会、シンポジウムの場として開かれるようになった。そのために意図されたのがこの施設である。今までの大学セミナー村の谷向こうに、2人1戸の宿舎と異なり、グループ25人が1軒の家で寝る場所、セミナー室、便所、リネン室をもっている。各自のスペースはもっているが、5人1組5グループのアパート形式の宿舎となっている。このシステムはそのまま増殖してゆき、30人の増員を予定して、全体で55〜60人の村になると予想していた。この学際村は谷向こうの大学セミナー村とはまるで違った雰囲気にしようと思っていたので、意識して今までとは違ったデザインにしようとした。セミナー村ではできるだけ自然に溶け込まそうとしたが、ここでは少し突出気味で、大分都市化されてきた。この二つの村の間の谷に橋を架けた。最初吊橋にしたかったのだが、今の一本脚になった。セミナー・ハウス創設者のひとり茅誠司氏の名を冠して「かやばし」と名付けられた。

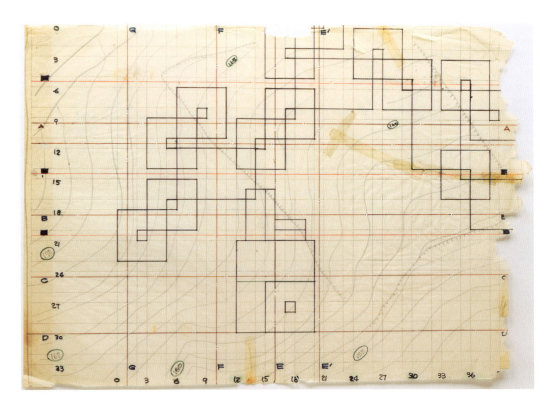

配置通り芯、等高線図

1:100｜原図｜-｜-｜トレーシングペーパー、鉛筆、インク｜422×618

地形を読み込んで、塔状の宿舎の柱が連続するスタディ図面

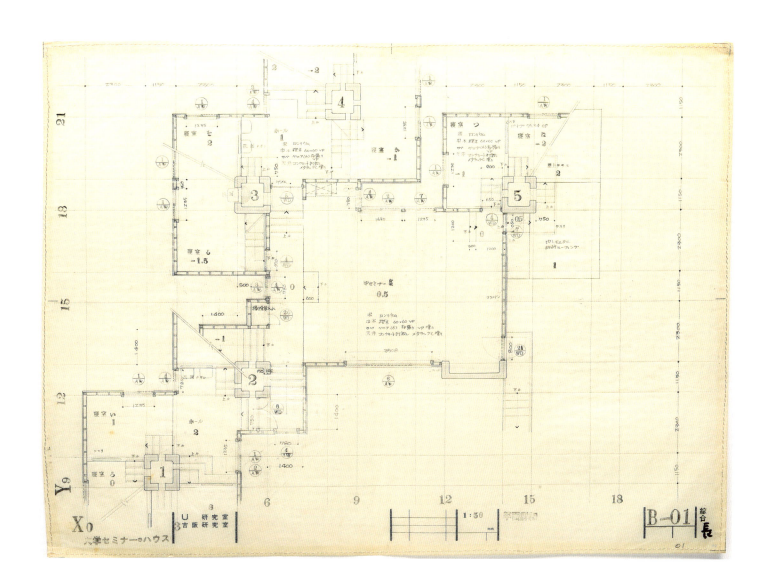

長期館 平面詳細図

1:50｜原図｜-｜-｜トレーシングペーパー、鉛筆、インク｜401×556

セミナー室を中心に3ゾーンに分かれた宿泊棟は、間仕切りもドアもない個人のスペースが踊り場のようにつながっている

6期

大学院セミナー室
遠来荘（民家移築）

設計開始／1973年7月
施工期間／1974年9月-1975年6月

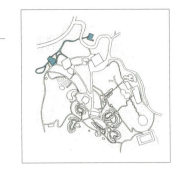

大学院セミナー室はサービス道路の上に橋のように架けられたコンクリートの人工土地の上に軽快な鉄骨造で建てた
1998年

アプローチから茅葺きの遠来荘と本館
1996年

大学院セミナー室
建築面積／178.26㎡
延床面積／228.99㎡
　1階：195.64㎡
　B1階：33.35㎡

遠来荘
建築面積／142.00㎡
延床面積／210.62㎡
　1階：130.61㎡
　M2階：80.01㎡

開館10年目に、一つは大学院教育充実のために大学院セミナー室が、も一つ多摩鑓水の100年経った民家を移築した。一つは鉄骨造ガラス張り、も一つは茅葺屋根をそのまま復原したものである。
「ここには自然がいっぱいあり、文化の香りがする……」と利用者の感想文があった。開館したときは赤土のむき出しだった。せっせと樹を植えて10年、自然がいっぱいあると言われるようになった。だが「文化の香り」はどうやって出来たのだろうか？遠来荘と名付けられた茅葺民家がこのキャンパスに移されると、セミナー・ハウス自体が100年の歳月を経たように、落着きとなごやかな雰囲気をもつようになった。最も驚いたのは、80歳のおじいさんが葺いた茅屋根が、逆ピラミッドの本館の量塊に一歩も引けをとらない堂々たる姿を見せたことである。
ここセミナー・ハウスには、一つとして同じ形はない。おのおのが個性をもって主張している。一つ一つ時間をかけてつくられてきた。これまでの施設を一度に設計した場合は、まるで違った形になっていたろう。1年かけてつくったものは、やはり1年生まれのものである。10年かけてつくられたものとは、計画されたものと、生まれ出たものの違いがある。館長の言葉に、「セミナー・ハウスの道は常に創造の知られざる道だ」と。常に未知の新しい道を開いた彼の言葉だ。だからどの建物も、「何のために、どういうものを建てるか」がまるで予想できないものだった。こうしてセミナー・ハウスは生成していったのだ。

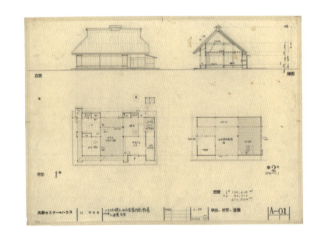

遠来荘　平面・断面・立面

1:100｜原図｜1972年9月12日｜松崎義徳｜トレーシングペーパー、鉛筆、インク｜400×550

国際館
建築面積／454.16㎡
延床面積／818.05㎡
3階：381.69㎡
2階：337.37㎡
1階： 99.00㎡

交友館
建築面積／156.59㎡
延床面積／170.69㎡

浴室と管理室のあるサービスセンターの屋上に鉄骨で増築した交友館内部 1997年

7期

国際館　交友館
池　一福亭

設計開始／1974年8月
施工期間／1977年8月-1978年3月

8年前に生まれた長期館に接して、この建物は建てられた。いよいよ国際化してくる経済、社会、文化の接触交流の場として、長期館と一体に60人の国際セミナー村として完結した。
教師と学生の心の接触の場として始められた大学セミナー・ハウスはまた大学の中の壁を、国公私立大学間の壁を打ち破り、10周年記念として出版された「大学を開く」の書名のごとく、大学を社会に開いたのである。それはまた学際化の先駆けとなり、100回のセミナー主催の共同セミナーとなった。国際館は各国からの留学生のためのオリエンテーションの場となり、毎夏訪れるアメリカからの大学生の日本研究グループの宿泊所にもなる。15年前に設計を始めたときからの待望の池を、大学村と国際村の間の谷につくることができた。アヒルと鯉が仲良く泳いでいるのが見られる。セミナー・ハウスも水を得て、すっかり落着いたいた。やはり緑と水がないと駄目だ。
1期工事のときに建てたサービスセンターの上に交友館が建つと誰が想像したろうか？　夕日に焼けた赤富士を眺めながら、セミナーの終わりにビールを飲めるのである。セミナー・ハウスでビールを！キリンビールで乾杯！この建物は麒麟麦酒株式会社の寄贈である。

（1期-7期　松崎義徳　まつざきよしのり）

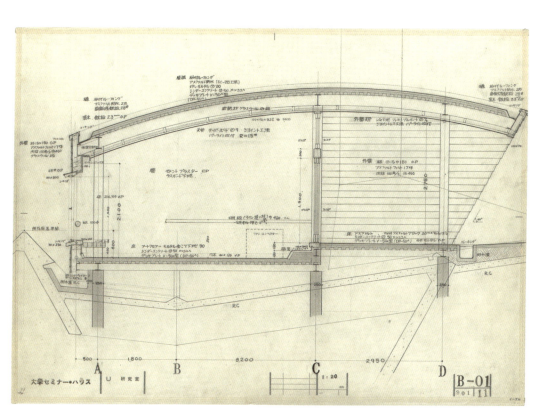

交友館　断面詳細図

1:20｜原図｜-｜-｜トレーシングペーパー、鉛筆、インク｜420×591

8期

インターナショナル・ロッジー
開館20周年記念館

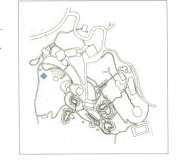

設計開始／1986年3月
施工期間／1988年10月-1989年7月

風見鳥　1998年

記念館
建築面積／369.41㎡
延床面積／683.81㎡
3階：296.94㎡
2階：287.87㎡
1階：　99.00㎡

開館20周年を記念して、野外ステージをはさんで松下館と向き合うように記念館は建てられた。20年8期の増築を重ね、新しい建物とともに、既存の建物の細かなメンテナンスへと目も配ってきた。

大学セミナー・ハウスは最初に尾根筋の道から広がるように、宿舎群とセミナー室をつくり、その後、丘の上に講堂が、そして谷を隔てた斜面に新たな宿舎を建ててきた。設計当初から描き継がれた配置図には、次々と建物が加えられた。同時に地形を読み込んで、いくつもの計画も描き込まれている。現況図であり、計画図でもある。

すり鉢状の谷の地形を生かした野外ステージは、最初の全体模型から登場し、5期で実現した。グランドに計画されたのはテニスコートと体育館。小さな村のように施設と利用者である住人が増えていき、延べ利用者は100万人を突破した。

配置図に国際シンポジウム館の名称とともに、星形のプランが描かれた計画場所に、記念館は建てられた。そして、ここにシンボルとして松崎は風見をのせた。

（齊藤祐子　さいとうゆうこ）

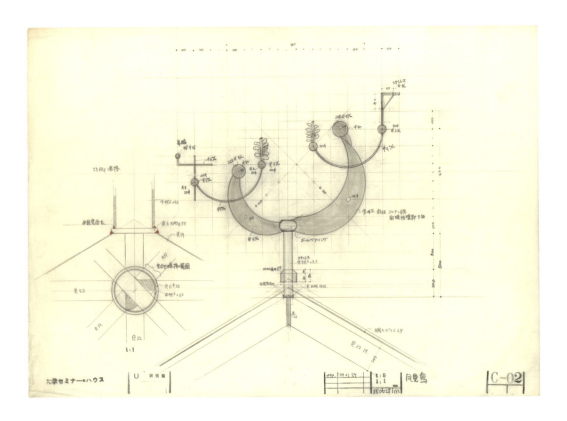

記念館　風見鳥詳細図

1:1、5｜原図｜1988年6月28年｜松崎義徳｜トレーシングペーパー、鉛筆、色鉛筆、インク｜420×597

記念館外観　2012年

図書館のバルコニー越しに野外ステージのある斜面を見下ろす、左は松下館、右奥に記念館　2012年

50周年

ダイニングホール　やまゆり

設計開始／2013年7月
施工期間／2016年3月-11月

斜面の人工土地とデッキを見上げる

開館50周年の記念事業、新食堂棟建設は敷地選定から始まりました。最終的に、ユニットハウス5,6群の跡に〈ぐるぐるつくる大学セミナー・ハウス〉の活動でお花見の広場と竹のデッキをつくり、その後〈バーベキュー広場〉として活躍していた見晴らしのよい尾根に決まります。

地域の研修施設として活動をひろげるなかで、地域の職人とのつながりを考えたいと提示があり、地場の材料で建てる木造の提案に決定します。傾斜地に高床のコンクリートの人工土地をつくり、そこに木造一階建です。多摩産材の杉を使って、木造在来工法〈木造ドミノ住宅〉システムを応用した伝統的職人の技術で建築しました。60年代にコンクリートの新しい形を提案したセミナーの建築は、半世紀後に木造の大規模施設で時代への提案をします。

もうひとつ大きな課題は、メンテナンスの問題です。設備は露出配管、配線、職人の手で管理ができるように、使い続ける工夫をしています。50年の経験からの提言は、建築を人の手に再び取りもどします。

木の柱と梁が連続する、森の中にいるような新しい食堂と空中デッキが生まれます。

（齊藤祐子　さいとうゆうこ）

アプローチ方向から北側外観、エントランスを見る

50周年／ダイニングホール　やまゆり
建築面積／572.97㎡
延床面積／572.05㎡
　1階：476.98㎡
　B1階：95.07㎡

「詳細図で読み解く住まい　八王子　大学セミナー・ハウス 1965年—1989年」『住宅建築』建築資料研究社 2013年4月号
掲載記事に新たな資料、文を加筆し本書のために再構成しました
1期から7期解説文は「大学セミナー・ハウス 1965—78」『建築文化』彰国社 1979年9月号　初出

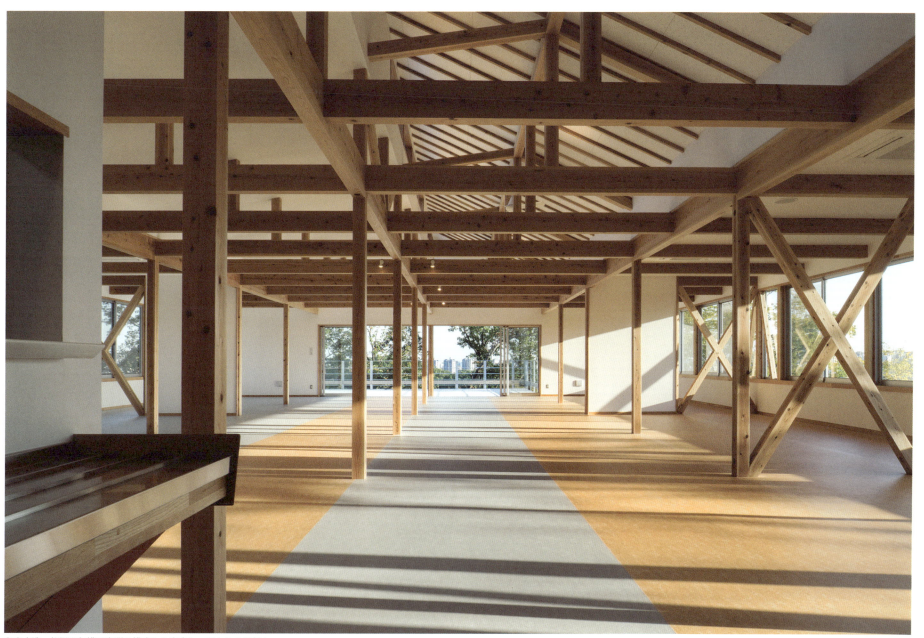

在来木造、柱梁の架構で空間を構成した客席に、西からの陽射し

階段は意志、廊下・斜路は情緒、橋は夢…

松崎義徳

階段・橋・斜路・廊下

　僕を含めて、日本人の設計した階段はヘタ糞である。どんな大きな建物の広々した階段でも、実に貧相で、地についていない感じがする。どうも地面や床と接する部分がしっくりいっていない。

　どうしてそうなんだろうと考えてみると、日本の民家には屋根裏に蚕部屋はあるけれど、純粋に2階屋は見当らないのだ。みんな平面の拡がりで、立体の積み重ねがない。これでは階段は発達しない。せいぜい一木に刻み込んだものか、梯子が代用されている程度。城の天守閣でも、よくこんな梯子で重い鎧を着て上り下りできたと感心するようなものが、ついている。

　テレビや映画で、西部劇やスリラー、アクションものを見ていると、階段で撃たれて、上から威勢よく転がり落ちる。「天国への階段」「ハムレット」でも階段は重要な演出ファクターだ。ところが日本だと、階段ではなくて廊下、縁側。「忠臣蔵」は松の廊下で始まっている。

　平面的に空間をつなぐのが廊下で、垂直方向にまるで縁の切れた平面を結ぶのが階段だ。つまり、重力に逆らい高きを志向する手段が階段、そして斜路なのであって、西へ西へと歩いていって来世の安住の地を見つけようという西方浄土の教えは、廊下の発想である。

　完全に断たれた二つの平面をつなぐのが「橋」である。能の舞台で必ず見られる橋がかりは、彼岸と此岸を結ぶもの、この世からあの世へ渡り、あの世からこの世に戻ってくる橋である。そういえば日本では、廊下とともに橋もドラマの舞台として使われている。牛若丸と弁慶の五条大橋、日吉丸と蜂須賀小六は橋の下、「君の名は」の数寄屋橋……。

　僕は「階段」に人間の意志を感ずる。重力に逆らって高きを志向し、天までも登ろうという意志が階段にはある。ヨーロッパや中近東に聳える塔には、必ずその内や外に階段がある。塔に階段がない方が不思議なのだ。ところが、日本の塔には、三重の塔にも五重の塔にも階段がついていない。これは登るための塔ではないからだ。初めから登るようには造られていない。もし、塔上に行くなら橋が必要ではないかと思う。塔は死者の霊を祭ったもので、此岸から彼岸に行くには、橋が必要なのである。

　会津若松の「さざえ堂」で知られる三重の塔は、三重螺旋スロープで、下から三十三体の観音像を参拝しながら頂上まで登りつめ、また下りてくるものである。これは、あくまで水平な道路が坂道となり、坂を登りそして下りるという神経で造られている。決して天にあがりっぱなしの塔ではないのである。

　坂道に対して斜路というのは、やはり梯子や階段と同じで、上の階へあがるためのひとつの手段なのであり、レオナルド・ダ・ヴィンチやコルビュジェ、ライトの斜路は、まさにそのように思える。彼らの斜路は垂直に延びているのである。

　でも、僕が斜路を考える時は、彼ら海外の大先達とは違って、やはり飯盛山のさざえ堂と同じく、あくまで水平な廊下が水平に延びていって、二つの違った上下の面を結び合わせている形態だと思う。

　ここ数年、実は、斜路と橋にとりつかれてしまっていて、むやみに階段の代りに斜路を使い、どこにでも橋を架けたがるのである。

　階段に意志を感じた僕だが、この伝でゆくと廊下や斜路は情緒で、橋は夢なのかなと思う。一体、どうしてそのように思うのだろうか。

　たとえば超高層の階段、これはもう人間とは関係のない、だから上がろうという気持も起らない階段という名の機械である。タワーリングインフェルノの時に、人々はわれ先に争ってあの階段を駆け下りるためにある。あるいは、そうさせるた

7群のユニットハウスのむこうに本館が見える、建物越しに見え隠れするいろいろな建物の表情の変化を楽しみながら歩く　1998年

起伏のある森をめぐる道　1997年

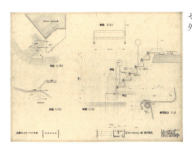
セミナー室の屋外階段

めに法律で設置された機械である。そこには、情緒のひとかけらもない。本来なら、建物が高くなればなるほど、階段の必要性も高まるはずなのに、逆に弱くなり、万一の時だけ役立つものになる。これは人間の能力を超えてしまい、用をなさないためである。

　ここでひとつ考えついた。直立型の超高層の階段を上る気はしなくても、たとえばアーチ型の建物なら、上って下りてもよいと思うことである。このアーチ型建物には、階段が不自然でなく考えられる。やはり、天に上りっぱなしの塔には不自然さがあって、どんどん登ってゆくと頂上に着いて、またどんどんゆくと地上に達するような虹の掛橋型の建物なら、安心感があると思う。そう思うのは、僕だけなのかな？

　以前、24階建の高層デパートメントストアの設計をしたことがある。飯盛山さざえ堂のダブルスパイラルを借用して、24階の建物の外側に、上る人と下る人が交差しないようにし、途中休み場や展望台を設け、草花の香りを匂ぎながらショッピングする。実はこの案、ボツになったが、万一の避難の場合でも、このスロープを利用できるから大事故にならずにすむと思う。デパート火災の報に接するたびに、この案を思い出すのである。

　もうひとつ、気になることがある。人間にとって上るに快適な高さというものがあるのではないかということである。たとえば横断歩道橋、あれを見ると上る気がしなくなる。この橋は、深い谷や川にぶつかって、村人が総出で架けた昔の橋とはわけが違う。夢のかけ橋とは、こうしてできた。

　エベレスト初登頂者E・ヒラリー氏はこの20年間、お世話になったシェルパのために、ヒマラヤの深い谷に橋を架け、学校や病院を建てている。それも村人と一緒になって材木をかつぎ、釘を打ちつけて汗を流している。だから村人は〝ヒラリースクール〟と呼び、ここへ子供達は山を越え、彼が架けてくれた橋をわたり、はだしでやってくる。ここの人達はどんなに助かっていることだろう。同じ橋でも、歩道橋とはエライ違いである。

　私は思うのだ。超高層ビルの階段や横断歩道橋には、快適な高さを考える余地というか基準はなく、人間はどの位まで高く上るに耐えられるかという一点しかない。設計者はだから、あの手この手をフル動員して「楽々と上れます」「ちっとも苦痛はありません」と思わせるような階段をつくる義務があると思うのだ。そのだまし方の巧拙が、秀れた設計者かどうかということになる。もちろん、だますにも限度というものがあるのだが……。

大学セミナー・ハウスの話

　東京都下・八王子の大学セミナー・ハウスは、どこにゆくにも上り下りしなければならない。だから、ここにふさわしい足拵えは運動靴である。革靴やハイヒールでは、快適に過ごすことはできない。

　野猿峠でバスを降り、セミナーのいろは坂を上りつめると、楔形のセミナー本館がある。1階からもぐり込んで、ぐるぐる階段を上って4階の食堂に着く。そこからは、山肌に散在する100棟の宿泊ユニットを眺望できる。本館に対向する丘には15mのPCの橋が架けられている。この橋は、講堂と図書館をつなぎ、100棟の宿泊村をつないでいる。だから、この橋の役目は重要で、橋がなければセミナー村の機能は麻痺してしまう。

　楔形の本館は、時々テレビのロケに使われる。マグマ大使をご存知だろうか。大体悪い奴の城になり、最後には爆破されたりする。ローマのサンタンジュロ城のように跳橋にして、周囲に堀を巡らせば、堅固な城になりそうである。

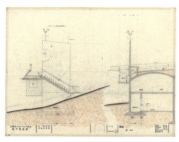
松下館屋上への
外階段

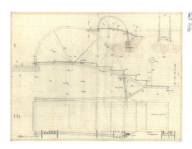
松下館ブリッジ
詳細図

松下館ブリッジ
1997年

　宿舎村の各棟をつなぐのは、上り下りの山道である。深々と敷きつめられたじゅうたんの廊下ではない。最初に建設が始まった時など、宿舎群の通路の整備をやらなかったので、建物を建てるのがやっとの状態で、泥んこのぬかるみを、滑ったり転んだり、暗闇に崖から落ちたり、大変だった。この宿舎内の通路について感じたことは、というより失敗したことは、初め測量図の等高線を見ながら図面の上で道をつけたけれど、これがほとんど使用されず、廃道になってしまった。これは人間の心理や生理のことをあまり考えずにやったからだと思う。

　本来山道はけものみちや杣道が整備され、それが一般登山道となる。尾根道も、谷沿いの道も、できるだけ安全で雨でも流されないようなところを選び、適所に水場も得られ、急坂の途中には休場があり、そこからすばらしい眺望が開けていたりする。ヒマラヤのエベレスト街道を、20日余り毎日毎日歩いていると、ひと休みするところには、チョータラといって、ちょうど背中の荷物を下ろして腰をおろせるような、石積みの休場がある。そこは大きな菩提樹が枝を拡げて、日蔭をつくってくれている。息を切らして坂を登りつめると、真正面には真白いヒマラヤの神々が聳え立ち、一瞬息をのむ。またこんな場所には必ずチョルテンといってラマ教の石塔が建ち、幟がはためいている。セミナーの通路も、いつの間にか踏跡がついて道となり、急なところには、鉄道の払い下げの枕木で階段を造った。枕木は、コンクリートや石と違って、とんとんと下りても、膝にも、頭にも響かないことを知った。枕木を設置するにも、蹴上げと踏面のとり方は非常に難しい。この加減で、上り下りの歩調に合わないと、踏み外しそうになるし、またつまずきそうになったり、いらいらさせられる。自然の傾斜に逆らわずに、地形に合わせて、カーブを描きながら、一段置いては、上り下りし、また一段据えては、たしかめながら枕木を固定する。道はどうしても水みちになるので、雨水で洗い流されないように、できれば枕木を平らに使わずに縦使いに土を埋め込むと、落ち着くようである。そして途中には休み場所を造り、木陰にベンチを置く。これらの手法は、室内階段でも同様にいわれることである。本当は、段板を一段置いたら、上り下りして調子を見ながら、また一段と一段ずつ積んでゆかねばならない。そうすれば、少なくとも木に竹を継いだような、また地に足が着かないような階段は、造らずにすむと思う。階段が床や土に接するところ、逆にいえば階段が地から生え出すところは特に難しい。階段の二、三段も地中に埋めるつもりでやればよいのかもしれない。階段が土から出て上階にたどりつくまでの、起承転結の間に、緩急があって、途中息抜きに休み場所が設けられている。こういう階段を僕は造りたい。

　セミナー・ハウスで現在生きている道は、昔の山道や村道を利用し、そのまま整備して利用している道である。100戸の宿舎、7棟のセミナー室、浴室、便所等は、この山道を自然の廊下として結ばれ、配置されている。山道が廊下であり、階段である。この手法はその後2、3、4、5、6期工事と増築されるに従って、山道はついに建物の中にまで侵入してくるのである。建物の中を山道が通り抜けてゆく。木の葉や虫や風が一緒に入ってくる。また山道を歩いてゆくと、下に建物が埋まっているのに気がつく。これは教師館である。この道からは富士が真正面に眺められる。山道は延びて谷を渡り、そこから上の道まで、急な直登の階段が続く。胸突八丁坂である。谷は堰止めて池を二つ造った。名はまだ付いていない。ガマがえるがすぐ住み付いた。

　100棟の宿舎の中には、地形の関係で、床の高いのがある。これには一本梯子を取り付けた。学生があやまって足を踏みはずし、落っこって気絶した。救急車で運ばれたが無事だった。掃除のおばさんから、「この梯子をバケツを持って、どうやって上るんです！」とどやされた。なる程両手両足を使って登ったんじゃ、バケ

長期館から国際館を見下ろす、建物の中に道が入り込み、抜けて行く　2011年

本館ブリッジ
1997年

本館階段
1997年

ツは持てないわけだと理解した。急いで廻り階段に取り換えた。

　山を歩くのに杖があるとどんなに楽であるか、ご存知の方は少ないと思う。40歳過ぎても、まだ山歩きをしている人はおわかりと思う。二本足では足りなくなって、もう一本足して、三本足で歩くわけである。背中の荷物と体を引き上げるのに、二本の足に一本の手を動員して使用する、これで今まで二分の一の力が必要であった足が、三分の一の力でよいことになる。谷川を渡るにも、道で昼寝している蛇をシッシッと追うのにも重宝である。

　急な岩場や崖縁には、鎖や針金が張ってある。急なところは鎖の助けを借りて登る。危険な崖縁は、針金を伝って通過する。山に登るのは足で登るものと思い込んでおられる人があると思うが、手でも登るのである。もちろんロッククライミングには手足はもとより、膝や尻、肩まで動員して這い登らねばならない。頂上まで手摺がついていれば楽だと思うが、そんな山はない。杖は移動手摺だといえる。

　毎朝やっているマラソンをやり過ぎて、足を痛めたことがある。この時は動けなくなって、朝晩の研究室までの行き帰り、家までの何百米かを這うようにしてたどり着いた。この時、駅の階段の手摺が、どんなに有難いものであるかということを本当に思い知らされた。

　階段というものは足で登るばかりでなく、手でも登るものだなと思う。階段の手摺は、強い者には無用のものである。だが老人や足の悪い人には、これがなければ登れぬものである。杖と手摺は同じ働きをする、という神経で付けられた手摺を見たことがない。手摺は一般男子成人に合わせて、付けるものではない。

　弱い人に合わせて、もっと手摺の高さを低くし、握る手摺も年寄りや子供の手に合わせて、少し細目のものにして、握り易い材質を考えるのが当然だろう。

　朝夕のラッシュ時に、駅やビルの階段を上り下りしてるサラリーマンの大群を見ると、現在駅やビルに付けられている手摺がもっともピッタリしていると思う。あれは屠殺場に駆り立てられる家畜の群が、道からそれないように造った柵である。字の如く、それに手を摺って、それに頼って階段を登るといったものではない。手摺でなく柵である。同じ柵でも、もう少し楽しい柵にしてやったら、いかがなものだろう。たとえ屠殺場の露と消えるにしてもである。

　セミナー・ハウスの講堂や、図書館のバルコニーに取り付けた手摺は、セミナーのマークになっている木の葉の形を23ミリ鉄筋を曲げて、造ったものである。これは手摺でなく柵の部類に入る。法規に従って、高さはちゃんと一番高いところで1.1メートルとってある。セミナー・ハウスの谷に、全長20メートルの橋を架けた。「手摺が、ゆらゆら揺れるぞ！」と竣工式の当日、息せき切って知らせてくれたので、「あれは揺れるように設計したんです」と説明したら唖然とされた。この橋はもともと、吊橋にしたかったものである。それで手摺をわざわざ揺れるようにした。これで吊橋の感じが出せたとほくそ笑んでいる。

　本館の3階ラウンジから4階食堂に、ゆるくカーブしながら上っている単独階段がある。段板は厚い積層材で、桁はパイプを綾取りのように組み合わせてトラスを組んでいる。このパイプトラスの上に、段板が少しずつずれながら取付けられて、カーブを描いている。手摺は左右、大きさ、形の違う木のもので、右は高く、左はぐっと低い。当初はこの木製の手摺だけだったが、うっかり落ちると吹抜けを一階玄関ロビーまでまっさかさまというので追加したのが、鉄筋を曲げて造った手摺子である。この階段は周囲のコンクリートのいろいろに傾斜した構造壁の中では、軽快な動きを出している。大学セミナーの5周年記念の催しに、学習院大の演劇サークルが、この階段を使って、ハムレットの一幕をみんなに観せてくれたことがある。照明は偶然にも階段を照らすように付けてあったスポットがその用を足してく

れ、みんなが見守る中を、この階段をフルに使って男女学生が演じてくれて、拍手を浴びていたのを思い出す。

　階段というものは、単に上り下りに役に立つだけでなく、そこでドラマを演じたくなるようなものを持ってなければならないものだ。学生達がなんでこの階段を舞台にしようと思いついたのか。この階段が彼等にここで劇をするように仕向けたのだろうか。彼等の心をそそる何かを持っていたのだろうか。理由は簡単、当日は雨で、新館の屋上階段ステージでやれなくなって、急きょ変更になっただけである。それにしても舞台にぴったり、劇の雰囲気を出していた。

　茅ヶ崎に建てた住宅に住む夫人にお聞きした話を思い出した。引越してすぐの頃、7、8歳の下の娘さんが、居間から2階に上る階段を、しずしずと何かつぶやきながら下りて来る。いつのまにか、自分でドレスを着て、手には花か何かを持って。多分お姫様か女王様になってたのでしょうと。ペルー・アンデス登山隊長だった主人の証言によると、「あのザイルの手摺は、やはり強いですな、酔っぱらって帰ってきて、よろめいてぶらさがっても切れませんからなあ！」天井と階段々板を登山ザイルでジグザグに結んで、手摺の代りにしたものである。階段でも、それぞれに小さなドラマが演じられるもののようである。階段は橋と同じく、日常性からちょっと踏み出して、未知なものに入っていく、心のときめきを感じさせるものを持っているのだろう。だから裏返していえば、ドラマが起こりそうもないような階段は、階段失格ということになる。せいぜい勉強して、ほれぼれする様な階段を作りたいものである、お互いに。

（松崎 義徳　まつざき よしのり）

「階段／デザインと手法」『建築知識』エクスナレッジ 1978 年 8 月号　初出

飯田宗一郎のパイオニア精神と吉阪隆正の有形学

齊藤祐子

集まって住む形

　開館50年を迎える、東京都八王子市の大学セミナー・ハウス（以下、セミナー・ハウスと略）は1965年に竣工した研修施設である。多摩丘陵の自然の中に、宿泊施設と研修室、食堂、共同浴室、グランドと散策路が起伏のある地形を生かして建てられた。小さな集落の誕生である。開館後も講堂、図書館、宿舎やセミナー室、喫茶室やラウンジなどを必要に応じて建て増して、人のつながりを考えてつくってきた、集まって住む集落は少しずつ大きくなっていった。

　現在では研修施設の一般的な呼称として使われている〈セミナー・ハウス〉の名称は、創設者、飯田宗一郎が「大学セミナー・ハウス」と名づけた新しいことばであった。「創設後数年にして、セミナー・ハウスという言葉は広く使われるようになったが、当時としては全くの新語であり、私にとっては潜心精思の想像語なわけである」[*1]と創立十周年の記念誌『大学を開く』に飯田は記している。

　当時の大学教育環境への疑問から、人を育てる教育の場を模索した飯田は、教師と学生が寝食をともにしながら、議論し学ぶ施設の必要を切望し、多摩の自然の中に学びの場所をつくった。飯田が抱き続けた、人間育成への強い想い〈こころ〉が、多くの人と大学、企業を動かしていく。その理想と夢を具体的な〈かたち〉として提案したのが、建築家の吉阪隆正とU研究室（以下、U研と略）のメンバーであった。

　現在、社会状況の変化とともに、大学セミナー・ハウスへの要求も利用者も変わりつつある。けれど、1960年代、高度経済成長期のなかで生まれた社会問題は時代とともにふくらみ、現在も解決されないまま、私たちの課題として抱え続けている。どんなに技術が進んでも、自然と向き合って生きていかなければならないこと、人のつながりの大切さを、2011年の東日本大震災で痛感したはずだ。また、新たなネット社会での情報技術が広がっても、コミュニケーション能力を身につけたとはいえないことも大きな課題である。教育問題は解決の方向が見えないまま迷走し続ける。むしろ、現代こそ、創設時の理念をあらためて見直し、自然の中で人とひとが向き合う、人を育てる時間と機会を必要としているはずだ。そんな想いで、設立から約半世紀の時を重ねてきた物語を辿っていきたい。

パイオニアワーク

　飯田は1910年に茨城県で生まれ、中学時代にフレンド派の宣教師の影響を受けた。そこで、人を育てる何より大切なことは、多くの人の出会いや交わりであると自ら経験し、心に刻む。同志社大学に学び、戦後の新制大学の立ち上げの現場につく。急激な大学進学率の増加と、都市への人口集中が起こるなかで、教育環境の状況に大きな疑問を抱く。学生数の増加に対応できずに、大教室に多くの学生を詰め込み、一方的に講義をするだけの大学のマスプロ教育。そういった学生の大量生産を憂い、本来の人間形成のために必要な、人とひとが交わり育てる教育を実現するために動き出した。50歳までは自分の夢のための準備期間と考えていた飯田は、1959年、国公私立の大学をつなぐ教育の場をつくる構想を、同じクエーカーの教会でのつながりがある日本女子大学の上代たの学長に最初に相談し共感を得る。東京大学の茅誠司総長と早稲田大学の大浜信泉総長を紹介され、夢を語ると、すぐに賛同してくれた。折しも、60年の安保闘争に大学も騒然とした時期に、設立の動きは具体化していく。三井銀行会長の佐藤喜一郎氏を世話人に設立委員会を立ち上げ、三人で足を運んで募金を呼びかける。そして、財団法人設立[*2]へ向けて、国公私立大学の同志が集まり、同時に、歩きまわって土地を探したという。1961年、すすきの原で富士山がよく見える多摩丘陵の柚木村の土地を京王帝都から譲り受けた。中山の集落には茅葺きの民家が建ち、養蚕の桑畑に囲まれた丘陵地であった。柚木村は後に八王子市に合併された。

「多摩の山々の遠くに富士が見えた。東京のまちも八王子のまちも見えない奥まっ

すすきの原であった敷地に立つ 1962年*

敷地模型、本館から軸線を引く 1964年撮影*

図1　本館のスタディプロセス。一棟案、台形案、分棟案、フジ棚案を経て、逆ピラミッドの楔形、最終案に決定*6

た静かな自然が気に入った」*1と、飯田は資金も集まらないうちに、土地の購入を決断し、施設の施工を条件に清水建設からの融資を受けて動き出した。

　吉阪が設計に参加するのは1962年11月。最初は建設資金のこともあり、設計施工で進めようと飯田は考えたが、
「〈かたち〉は〈こころ〉であるから、若さと力強さが建物になければ、若人の夢を育てるセミナー・ハウスにはなるまい」*1と決断して大学の研究室を訪ねることにした。東大の丹下健三の名前もあがったが、ここは私学にと考えて早稲田の大浜に相談した。2年間アルゼンチンの国立ツクマン大学で教鞭をとり、帰国したばかりの吉阪は大浜総長から「ちょっと知恵を貸してほしい」と言われて、飯田と初めて顔をあわせ、翌日敷地を訪問。すぐに設計に着手する。12月には設計の委託を決定。設計の職能を正当に評価することを主張する吉阪との設計料の交渉を経て、翌3月正式に契約した。

　2年半の時を費やした1965年7月の開館を前に、飯田は「マスプロ教育のヒズミを正す」と題して新聞*3に寄稿。「自然の静かな環境の中で、教授と学生の小グループが起居を共にし、思索し、討議をし、談話を交え、人格的接触を図りながら密度の深い人生経験を持とうとするのがその目的である」。そして「私は既成の観念からはなれて、自分の目と自分の心と自分の頭でもって、大衆の中の孤独という寂寥さや不完全な学生生活が起こりやすい大学の教育環境を問い直してみた。セミナー・ハウスの構想がそこから浮かびあがった」と、出発点を振り返っている。

　セミナー・ハウスの現場を跳び回り、全ての建物の設計に関わったのがU研の松崎義徳。1997年に開催したシンポジウム*4で、松崎は建築についてはほとんどふれずに、飯田宗一郎のことだけを語った。
「飯田さんの生き様はすごい。人を巻き込み次々実現していく力はすごい。すべては〈セミナー・ハウスとはなにか？〉から始まった。時代のいろいろな動きのなかで、何もないなかで、夢をかたちにする。セミナー・ハウスの建築は技術論、デザイン論、方法論ではない。生き様だ。飯田50代、吉阪とU研創設パートナーの大竹十一40代、松崎30代、何もないところにつくった」。そして、吉阪、松崎はじめU研のメンバーも夢を建築にしていった。

　強い情熱を胸に、飯田と吉阪はぶつかることも多く、とにかくよく喧嘩していたという。そんなことにはおかまいなしで、U研では延々と図面と模型に取り組んでいった。

　1980年12月、急逝した吉阪の葬儀が執り行われた百人町の吉阪自邸の庭に、長身の飯田はステッキを手に、夜が更けてもいつまでも独り黙って立ち続けた。その姿を私は忘れることができない。その後、大学セミナー・ハウスを離れた飯田は、U研に机を置いて〈三輪学苑〉を創設。新たに社会人のための生涯学習の場を立ち上げ、教育の次の夢へと突き進んでいた。

有形学と不連続体統一
シンボルとネットワーク

　野猿峠のバス停から、ゆっくりと坂道を歩いていくと、丘の上に逆ピラミッド型のコンクリートの塊が現われる。本館の姿だ。見上げながら近づくと、最初に〈眼のレリーフ〉の出迎えをうける。〈大地に楔を打ちこむ〉本館は、セミナー・ハウスのシンボルだ。「〈それはここだ〉とマークすることは人間の諸活動の根源である」*5。

　楔形の本館が誕生するエピソードは、U研の設計手法をよくあらわしている。プログラムを組み立て、地形との関係を考え、本館の形を求めて数ヶ月を費やしていた(図1)*6。尾根の上から直接アプローチする最上階に全員が集う食堂を配置、下には事務関係の諸室が入り、広場もつくりたい。平坦地をつくるために造成はしたくない。フジ棚案と呼ばれていたピロティの計画が進められていたが、納得がいか

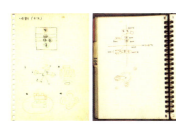   

図2 大竹十一の打ち合わせノートから、配置ネットワークのスタディ、ディスカッションが繰り返される

図3 ユニットハウスの平面は長方形単位住居のひとつのL型の単位をひっくり返し、寄り添って鎖状に配置するようにした*6

講堂入り口の「木のマーク」のレリーフと真鍮丸鋼を曲げた押し手 2012年

ない。いつものように模型を真ん中にディスカッションをしていると、中央セミナー室のピラミッド型の模型をヒョイと逆さにした。それを見て、誰もが「大学セミナー・ハウスの理念も哲学もそして要求機能をも満足しそうだと一瞬に感じたのである。この案を少しの躊躇もなく受け入れた飯田さんには、こちらがびっくりした」*7と松崎は振り返った。同時に吉阪はそのときの決断を「その形ができてから決心するまでに一週間かかりました。これでいいのかと一週間悩みました。そして、これしかないと」*8と。新たな〈かたち〉の発見があり、〈かたち〉から〈ことば〉が生まれ、〈楔を打ち込む〉本館は、誰もが納得するシンボルの誕生であった。

設計の過程で、吉阪は大きく三本の柱を立てた。
・美しい多摩の丘陵を傷つけずに生かすこと
・200名をどんなグループ分けにするか
・大学セミナー・ハウスを象徴する形は何か

最初の作業は等高線をおこして、地形を読み込み、建物の配置を検討する。そして、200人をグループに分け、組み合わせとネットワークのスタディを続ける(図2)。独立した建物一棟に2人で泊まるユニットハウスに200名が宿泊、15〜30名をひとつのグループにして中小のセミナー室を囲んで7つの群に分けた。ユニットハウスは長方形の単位住居の壁をL型に四分割し、ひとつをずらして鎖状に寄り添うようにした。変形のプランにすることで中庭を囲むように配置する。一見非合理に見える平面も、形を組み立てる合理的な考えから生まれている(図3)*6。そして、7つの群を表現した「木のマーク」がセミナー・ハウスのシンボルマークになった。

「予算が厳しかったので、宿舎は寝台車を並べることも考えた。それから、ユニットハウスが出てきた。コンペ、サンパウロビエンナーレ*9で使った勤労者の宿泊施設がユニットハウス。それをつなぐのが移動コミュニティー。この地形を生かしながら、一つの村をつくるように、関係を形にしていく。建築は人のつながりをつくる」*4と松崎は語る。

200人の村の一人は200分の1ではない。1対1の関係の集まりである。ユニットが2人、15〜30人の小、中セミナー室、ピラミッド型の中央セミナー室は50人、講堂は100人、食堂は200人と段階的に大きなグループができるように考えられた〈集まって住む形〉の提案である。

同様に計画されていたのが〈富山県富山市立呉羽中学校校舎〉であった。2005年から解体が始まり姿を消してしまったが、1000人の生徒が学ぶ校舎は、Y字平面の独立した3棟の教室棟と特別教室棟で構成され、1クラス、3クラス、1学年、全校生徒と段階的に大きなグループができるように、教室が配置されていた。共用ホールを囲んで各階に3クラスが集まって約100人のグループ、階段室でつながる学年棟1棟に1学年、そして、1000人全員が集うバルコニーに囲まれた中庭が校舎の中心になっていた。それは劇場のような、生徒がいきいきと生きる場所であった。

人工土地と出会いの道

自然を生かし、地形を読み込んで、傾斜地にコンクリートの人工土地をつくる。壁は木造で自由に仕切り、屋上には広場をつくり丘陵地に新しい場所が生まれていく。それが大きな骨格になっていた。
「この敷地の自然の起伏にはめこまれセミナー・ハウス全体の骨組みはガッチリしている。その故に講堂や図書館、今度の松下館の設計に際しても、それぞれの建物の位置も、それから形までもが、自然にあるべきところに、ぴたりとその位置と、形に、はめこまれていくように思われる。」*10と松崎は記す。

また、地形に沿って網の目のように廻らされた道が大切な役割を果たしている。建物をつなぐ廊下でもあり、自然や人の出会いの場所である。国際館では屋根のある建物の中を通り抜ける。

木造部分が取り壊され、コンクリート床スラブが現れた2群のユニットハウス 2006年

夏、アートビレッジの開村式が1群ユニットハウスでおこなわれた 2012年

秋、第一回ぐるぐるつくる大学セミナー・ハウス、道の再生整備をする参加メンバー 2006年

つくる時間、育む時間

　国際館と交友館が完成した1979年、吉阪は「ことばから姿へ　姿がことばへ」*7と題して15年の歳月を振り返る。設計者を母親に、施主を父親に、建築を子どもの誕生と成長にたとえている。1965年7月五体満足な姿で誕生してから8期に渡って施設は増えていった。新たな工事と同時に既存の施設のメンテナンスが行われた。「15年前に素朴だった一つの活動は、年輪を加えるに従って豊かさを増した。まるで兄弟姉妹が賑やかに楽しく語っているようになった。もし一気にこれだけのものを求められたら、あまりに一本調子に統一されてしまったかもしれない。（略）多様さをもちながら、父母の筋が一つにつないでいる。これは幸せなことだった。」*7

　そして、「時間をかけて、建てられた。チームがつくりあげてきた。同じものは何もない。全部違う。人間がちがう。その時の回答のベストを求めた。」*10と、セミナー・ハウスの設計プロセスを振り返る。

　また、現在は解体されてしまったが、本館の手前に、コンクリートの本館と向き合うように茅葺きの多摩の民家が移築され〈遠来荘〉と命名された。多摩ニュータウンの道路拡幅で取り壊しが決まった民家移築のエピソードはユニークだ。本家は文化財になっているが、分家は文化財ではない。茅葺きをそのまま建てるには、無届け無許可でこっそり建てるしかない。「ところが飯田さんが三多摩版に投書をした。「壊さずに移築するべきだ」結局そのまま建てることができた。セミナー・ハウスにゆとりができた。百年前からここにあるように建てたかった。セミナーがやわらかく、あたたかくなった。ここは、村の茅場だった。人も材料も循環していた。ユニットも同じ、時間が経ったら屋根を葺きかえ、傷んだところは直さないといけない。循環しないと」*2とは、セミナー・ハウスへの松崎の思いである。松崎の製図板の上にはいつもセミナー・ハウスの配置図が置いてあり、他の建物の設計をしていても、セミナー・ハウスの未来を考えていた。現場では眼を配り、道を直したり、建物を直したりと跳び回っていた。

　開館以来、次々建物が増えていった。けれど、第1期から続いたU研の設計は1989年の第8期工事「二十周年記念館」が区切りの仕事になった。

　1988年に宿泊利用者は100万人を数えた。最盛期は約6万人前後であった年間の利用者は1992年を境に減少し、現在は3万人前後と約半分になっている。大きな変化をむかえたのは2005年、開館四十周年を機に新たに宿泊棟「さくら館」が建設され、それにともなって、2006年ユニットハウスの大半が取り壊された。

自然と向きあう、人と向きあう

「大地は再び万人のものとなった、
　大地は再び自然の姿を取り戻した」*11

　八王子市街と多摩ニュータウンの開発と、広大な多摩丘陵の宅地造成は進み、自然は姿を消していく。セミナー・ハウスの敷地には、貴重な自然が残された。現在は、教育にとどまらず、自然、アート、地域ボランティア、建築ワークショップと多彩な活動が展開している。

　すすきの原に木を植え、水場をつくり、敷地は大きな森になった。ユニークな活動は木登りの〈ツリーマスタークライミング〉。自由に木に登れる場所は公園などにもほとんどないので「自由に木に登ってもいいですよ」と声をかけて活動が始まり講習会も行なっている。木登りから、樹木伐採のボランティアを担うようになる。

　炭焼きのグループは、最初はドラム缶で竹炭を焼いていた。その後専門家が指導をして、グランドに本格的な炭焼きの窯をつくり、活動をしてきた。緑の保全活動もおこなっている。

　ここの自然の魅力にとらわれて、植物や水辺の生き物の観察をする自然観察グループの活動拠点にもなっている。

*1　飯田宗一郎『大学を開く　大学セミナー・ハウス創立十年史・開館七年史』大学セミナー・ハウス1974年
*2　昭和36年11月30日設立発起人、茅　誠司・東京大学総長、大浜信泉・早稲田大学総長、上代たの・日本女子大学学長、永井雄三郎・東京都立大学総長、大泉　孝・上智大学長、大木金次郎・青山学院長、島田孝一・早稲田大学教授、升本喜兵衛・中央大学総長、石舘守三・東京大学名誉教授、小谷正雄・東京大学教授、佐原六郎・慶応義塾大学教授、岡田　謙・東京教育大学教授、飯田宗一郎・提唱者
*3　『毎日新聞』1965年3月31日
*4　「DISCONT吉阪隆正＋U研究室展」ギャラリー・タイセイ主催、1998年3月
*5　「箱根国際観光センター」設計競技案『DISCONT不連続統一体』丸善1998年所収
*6　「形への総合に関するノート」『建築文化』1964年9月号
*7　特集「大学セミナー・ハウス1965—78」『建築文化』1979年9月号
*8　『吉阪隆正対談集　住民時代』新建築社1979年
*9　早稲田大学が1954年から三度の最優秀賞を受賞した設計競技
*10　松崎義徳『研修所』井上書院1982年
*11　吉阪隆正『吉阪隆正集　4巻　住居の造形』勁草書房1985年

　もうひとつ新たな展開として、隣接する住宅地域とのつながりをあげることができる。「虫取りや、犬の散歩に来られる方。中山の集落からの農道は今も生きています。ご近所の自治会の方やセミナーの職員、利用者との人のつながりから、メンテナンスや花を植える環境整備などの地域ボランティアの活動場所を提供していきたいです」と、最盛期から30年、セミナー・ハウスを見続けてきた池田茂氏に現在の活動を伺った。

　最近のニュースは、〈アートビレッジ〉の活動である。ここ数年、宿泊施設として使われなくなっていたユニットハウスがアーティストの活動場所として動き始めた。2012年8月、1群ユニットハウスに囲まれた広場で、開村式が行われ、9名のアーティストのアトリエとして、ユニットハウスは久々に活気を取り戻した。セミナー・ハウスではメンバーのアーティストの企画でワークショップやゼミなどが開催される。「屋外にアート作品が展示できるような試みも緩やかに進めていきたいです」と、担当の高橋幸子氏は語る。地域とのつながりを深め、自然を生かす活動、アートの発信拠点へとセミナー・ハウスは少しずつ変わりつつあるようだ。

　私たちが主催する「ぐるぐるつくる大学セミナー・ハウス」は吉阪建築を愛する有志が立ち上げた活動である。年1、2回、セミナー・ハウスの建築を舞台に、吉阪思想に触れ、建築をつくること、使い続けること、設計することを考えるワークキャンプを企画運営している。2016年秋には第16回を数え、多数の大学からの学生や社会人が活動し、参加者は約600名になる。昼は身体を動かして建物や環境と向き合うワークショップを行い、夜はゲストを招いての夜話。吉阪思想を広く語りながら、建築をめぐるさまざまな議論を展開する。自然の中で活動し、食をテーマにした「ぐるぐるクッキング」も活動の核になっている。

　活動のきっかけは、2006年にユニットハウスの大半が姿を消したことに遡る。その数年前から、早稲田大学芸術学校の学生有志が、好きな建築やまちを楽しみながら守っていこうと、セミナーを企画して、同時に道や柵の整備や手摺の塗装などのメンテナンスのボランティアをしてきた。2006年秋に第一回のワークキャンプを行い、野外ステージのベンチの整備と、ユニットハウス解体後の道の再生整備を行った。重機が入りユニットハウスは1群と2群の一部を残して取り壊された。通常、建物が無くなると、敷地は広々とする。けれどセミナーでは、網の目のように巡る小道も一緒に姿を消した。敷地の至る所に通行止めのロープが張られ、活動範囲は狭められた。ワークキャンプでは姿を消した道の痕跡を読み解き、斜面を歩き、ルートを発見して道を再生していった。土や砂利、コンクリートの重さを感じ、竹を伐り、運ぶ。U研の設計手法を身体で辿る方法でもある。

　〈原点に立ち戻る〉吉阪思想を伝える建築と自然の中で、日常の便利さや人工的な環境を見直し、考える。自然の力はそんなに簡単に人がコントロールできるものではない。

　開発の時代1960年代に、吉阪は多摩丘陵の自然を残した。周囲から宅地化の波が押し寄せても、半世紀たってセミナー・ハウスには、自然の地形が戻ってきた。

　本館食堂には「思想は高潔に　生活は簡素に」の標語が大きく揚げられている。「Plain living and high thinking」は、ワーズワースの詩から、飯田が生活信条としてセミナー・ハウスの構想とともに掲げた。19世紀イギリス、ロンドンの物欲に駆られた生活を批判したことばである[*1]。200年後の現在こそ、軌道修正できない社会へ向けて、このことばを見直したい。大学も教育環境も再び過渡期をむかえ、50年経ってもまだ、自然の中での人間教育の役割は終わっていない。

2016年10月

（さいとうゆうこ　建築家）

「八王子　大学セミナー・ハウスのいま」『住宅建築』建築資料研究社 2013年4月号掲載記事に一部加筆修正しました

建築ディテール みどころマップ

写真=大橋富夫　1979年

　大学セミナー・ハウスの建築は、大地に楔を打ち込んだシンボルである本館をはじめ、煙出し屋根のある民家を原型にしたピラミッド型の中央セミナー室、地形になじむ貝殻のようなシェル構造の屋根が連なる講堂と図書館、松下館など、地形を生かした造形が展開されている。そして、多摩丘陵の自然とともにすごす場所に、たくさんの細部のデザインが、ゆたかな場所に多彩な表情を与えている。

　窓や建具の枠。手で触る、つかむ、滑らせる、つくる行為を形にした、木やスチールの手摺、ドアの押手、把手。木のシンボルマークや目のレリーフ。数字や文字、葉っぱのサイン。コンクリートや鉄、木の素材表現。ガラスブロックのトップライト。場所をつなぐ、橋、ブリッジ、階段もそれぞれの表情をもっている。

　ディテールとは建築の細部の表現を意味する。つくる工夫、使う楽しさを発見しながら建築群を巡り歩きたい。

建築ディテールリスト 左頁写真左上から

建物記号			建物記号			建物記号			建物記号		
1	A	目のレリーフ	13	D	ピラミッド屋根のトップライト	25	H	シンボルの塔、平和の鐘	37	I	ドアの小窓、内側
2	A	食堂の押し出し窓＊	14	D	鉄筋を曲げたドア押手	26	H	挽き臼の踏石	38	A	現場で考える手摺の端部
3	A	PCコンクリートのブリッジ	15	C	葉っぱのサイン 5群＊	27	E	モザイクタイル仕上の浴室 2	39	G	ドア、のぞき窓のデザイン
4	A	食堂への階段	16	O	アルファベットのサイン	28	O	水が川にそして銀河に	40	G	木のシンボルマーク 2
5	A	ブリッジとコンクリート	17	E	モザイクタイル仕上の浴室 1	29	P	袴のような金属屋根	41	F	鉄筋をグルグル巻いた押手
6	A	エントランスの庇	18	D	ベンチになる手摺	30	I	長期館の構成をデザインしたドア	42	G	小さなのぞき窓
7	A	本館屋上	19	O	風を呼び込む煙突の笠	31	M	雨を集め、水を落とす	43	H	スチール太鼓橋
8	A	ガラスブロックのトップライト	20	O	屋根の水は銀河になる	32	G	木のシンボルマークの建具	44	H	鉄筋を加工した手摺
9	D	ピラミッド型の屋根	21	B	数字のサイン	33	F	天井の音響反射板	45	F	雨の流れる柱
10	O	沖縄ガラスのステンドグラス	22	P	コンクリートの庇	34	H	平和の鐘	46	F	軒先に集まる雨
11	A	本館コンクリート屋根庇	23	D	折加工の換気扇フード＊	35	O	スチール跳ね橋＊	47	J	踊り場への階段
12	C	葉っぱのサイン 4群＊	24	P	夕陽を切り取る窓	36	H	木のシンボルマーク 1	48	A	鉄を加工したグレーチング

K 吊り橋のように揺れる茅橋

建築マップ案内 - 記号

記号	名称	英文表記
A	本館	Main Building (Front Desk)
B	ユニットハウス＊	Art Village (Unit House)
C	ユニットハウスセミナー室＊	Unit House Seminer Room
D	中央セミナー室	Central Seminer Room
E	交友館下浴室	Service Center Bathroom
F	講堂	Auditorium
G	図書館セミナー室	Library Seminer House
H	松下館	MATSUSHITA House
I	長期館	Extended-stay House
J	長期館セミナー室	Extended-stay House Seminer Room
K	茅橋	KAYA Bridge
L	野外ステージ	Open-air Theater
M	大学院セミナー室	Seminer Room for Graduate Students
N	遠来荘（民家移築）＊	ENRAI-SO
O	国際館	International House
P	交友館	Fellowship Hall
Q	記念館	20th Anniversary House
R	さくら館	SAKURA House
S	バーベキュー広場	BBQ Plaza
T	ダイニングホールやまゆり	Dining Hall YAMAYURI
U	佐藤峠	SATO Mountain pass
V	上代池	JODAI Pond
W	大浜岬	OHAMA Cape

＊現存しない
＊ユニットハウス、セミナー室は1、2群の一部が残る
建物名称は2016年現在の表示

建築マップ / 2016年現在

制作＝SITE
＊網掛け部分：現存しない

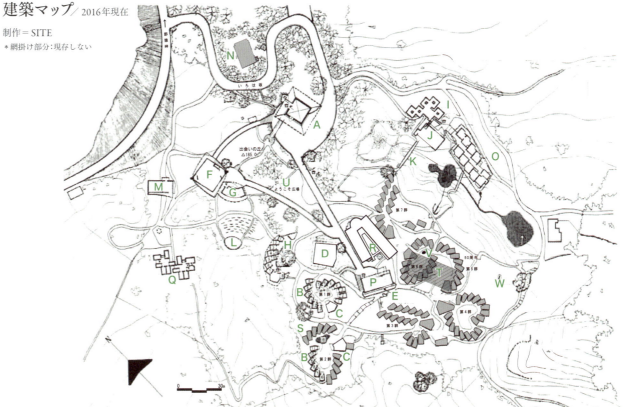

吉阪隆正　年譜

主な作品	西暦	年齢	年譜
作品記載は、設計が始まった年とする 吉阪自邸は竣工年	1917	0歳	2月13日 吉阪俊蔵・花子夫妻の長男として東京市小石川に生まれる
	1921	4歳	父親の赴任先、スイス、ローザンヌへ、その後ジュネーブへ
	1923	6歳	スイスより帰国、新宿区百人町に住む。暁星小学校入学
	1929	12歳	再び家族と共にジュネーブへ
	1931	14歳	ジュネーブ・エコール・アンテルナショナル入学
	1933	16歳	約半年間、エジンバラ大学の教授宅に単身寄宿、帰国
	1934	17歳	ジュネーブより帰国した家族と、百人町に住む
	1935	18歳	早稲田高等学院入学、山岳部入部
	1938	21歳	早稲田大学建築学科入学
	1939	22歳	今和次郎の指導により、農村および民家の調査
	1940	23歳	佐藤武夫、十代田三郎に同行し、北支蒙彊調査隊参加
	1941	24歳	卒業論文『北支蒙彊に於ける住居の地理学的考察』 早稲田大学建築学科卒業、教務補助 木村幸一郎に同行し、北千島学術調査隊参加
	1942	25歳	応召
	1945	28歳	甲野富久子と結婚、5月百人町焼失 朝鮮光州で終戦、帰国
銀座消費観興地区計画設計競技（協働） 渋谷消費観興地区計画設計競技（協働）	1946	29歳	長男・正邦誕生、百人町でバラック生活を始める 早稲田大学専門部工科講師
早稲田文教地区計画	1947	30歳	早稲田大学専門部工科助教授
	1948	31歳	次男・正光誕生
	1949	32歳	早稲田大学第一・第二理工学部助教授
	1950	33歳	フランス政府給費留学生として渡仏 ル・コルビュジエのアトリエに勤める、マルセイユ・ユニテ ナント・ユニテ、チャンディガール首都計画 ロク・ロブ計画、ジャウル邸、駐フランス日本大使館内装 フランス国内自転車旅行
	1951	34歳	第8回CIAM会議（イギリス）出席 マルセイユ・ユニテの現場監理
	1952	35歳	マルセイユ・ユニテ落成を機にアラブ経由で帰国 途中、インド、チャンディガールに立ち寄る
及川邸	1953	36歳	自邸の設計を始める 日本山岳会理事
ブラジル・サンパウロビエンナーレ第1回設計競技1等 台湾・東海大学計画国際設計競技1等 国会図書館計画、AIUビル計画	1954	37歳	吉阪研究室創設（早稲田大学） 日本雪氷学会理事
吉阪自邸、浦邸 ブラジル・サンパウロビエンナーレ第2回設計競技1等	1955	38歳	日本建築学会南極建築委員会委員 ヨーロッパ諸国（ローマ、パリ、ナント他）訪問
ヴェネチア・ビエンナーレ日本館 十河邸、ヴィラ・クックゥ	1956	39歳	イタリア・ヴェネチアにて設計監理 ヨーロッパ諸国（イタリア、フランス、スイス各地）訪問
丸山邸、ブラジル・サンパウロビエンナーレ第3回設計競技1等 剣山荘計画、海星学園	1957	40歳	早大アフリカ遠征隊赤道横断 ヴェネチア・ビエンナーレ日本館、文部大臣芸術選奨受賞
呉羽中学校、南山小学校計画 日仏会館	1958	41歳	ブラジル政府招聘講師、国際都市計画シンポジウム出席 日本雪氷学会常任理事
江津市庁舎、安達太良山小屋計画、涸沢ヒュッテ計画 吉阪家の墓 コンゴ・レオポルドビル文化センター国際コンペ（三等受賞）	1959	42歳	日仏会館によりフランス文化勲章 早稲田大学理工学部教授
アテネ・フランセ、チェニス都市計画国際設計競技 呉羽中学校2	1960	43歳	早大アラスカ・マッキンレー隊長 北米大陸横断
涸沢ヒュッテ・黒沢池ヒュッテ計画 呉羽中学校3	1961	44歳	実行委員となり西洋美術館でル・コルビュジエ展開催 メキシコ訪問 国立ツクマン大学招聘教授、アルゼンチン滞在 長女・フェリサ・岳子誕生
自邸庭にプレファブのアトリエ新設 呉羽中学校4	1962	45歳	アルゼンチンより帰国 今先生の服飾史講義でネクタイの歴史を知り、 以降ノーネクタイで通す
大学セミナー・ハウス1/本館、宿泊ユニット、セミナー室、中央セミナー室、サービスセンター 県立立山荘、立山山岳ホテル 天竜川治水記念碑、国立国際会議場計画設計競技 キューバ・プラジャヒロン戦勝記念碑計画国際設計競技 アテネ・フランセ2/特別教室群、竹田邸、赤星邸	1963	46歳	第7回UIA大会（キューバ・ハバナ）出席 ゲバラとカストロに会うためヒゲを伸ばし始める アテネ・フランセで建築学会作品賞受賞

吉阪　隆正　よしざかたかまさ

1917年　東京都小石川に生まれ、スイスで幼年時代の教育を受けて育つ
今和次郎に師事し、民家、農村の調査、住居学から「生活とかたち—有形学」を提唱
1950年から2年間パリのル・コルビュジエのアトリエに学び、帰国後54年　吉阪研究室（64年にU研究室と改組）を創設し、住宅をはじめ、社会に問う建築を設計した早稲田大学理工学部教授、日本建築学会長、生活学会長、日本山岳会理事など役職多数
1980年　63歳で逝去建築家にとどまらない活動は、教育者、探検家、ヒマラヤK2をめざす登山家、文明批評家として多数の著書を著す

著作・出版

『住居学概論』日本女子大学通信教育出版部

『住居学汎論』相模書房

『パリ　1950－52』相模書房
『モデュロールI』ル・コルビュジエ著（訳）　美術出版社

『ル・コルビュジエ』彰国社
建築学大系1『住居論』、2『都市論』、31『商店』彰国社

造形講座第3『環境と造形』河出書房

『山岳・人文地理の項』朋文堂

『鉄筋コンクリート造設計例ヴェニス・ビエンナーレ日本館』
建築学大系39　彰国社
『不連続統一体』/『民家—今和次郎先生古稀記念文集』相模書房

『ある住居』、『ある学校』相模書房
『ル・モデュロールII』ル・コルビュジエ著（訳）美術出版社

『原始境から文明境へ』相模書房
『宇為火タチノオハナシ』相模書房
『建築』1961年5月号青銅社

主な作品	西暦	年齢	年譜	著作・出版
吉阪自邸書庫、山岳アルコー会ヒュッテ 藤堂邸計画、高田馬場再生計画	1964	47歳	吉阪研究室を改称してU研究室設立	『住居学概論』日本女子大学通信教育出版部 『国際建築』1964年3月号
大学セミナー・ハウス 開館 大島元町大火、復興計画案 明華会館	1965	48歳	台湾で第8回建築公師会総会出席 ヨーロッパ、北欧を明石信道先生に同行 住宅地域計画会議（スウェーデン・オーレブロー）出席 第8回UIA大会（パリ）出席	『住居学』相模書房
大学セミナー・ハウス2/ 講堂、図書館 樋口邸、黒沢池ヒュッテ、深大寺かまぶろ温泉	1966	49歳	ブラジル・サンパウロ日伯文化交流会議講師	『メキシコ・マヤ芸術』（訳）彰国社 『建築』1966年1月号青銅社
大学セミナー・ハウス3/ 松下館、テニスコート 大島/庁舎、図書館、野増出張所、吉谷公園等	1967	50歳	シドニー大学招聘教授、オーストラリア滞在 韓国訪問	『建築をめざして』ル・コルビュジェ著（訳）鹿島出版会 『住居学概論』日本女子大学通信教育出版部
大学セミナー・ハウス4/ 長期館、長期館セミナー室、茅橋 アテネ・フランセ3/ 講堂、塔、野沢温泉ロッジ 涸沢ヒュッテ増築、ニュー・フサジ、生駒山宇宙科学館 大島/ 差木地小学校、第1、5中学校、クダッチ更衣室、商工観光会館	1968	51歳	第10回都市計画会議（オーストラリア・パース市）招聘講師 ヨーロッパ、アメリカ訪問	『住居デザイン論』有斐閣
大学セミナー・ハウス5/ 野外ステージ ヒュッテ・アルプス、丸山邸増築 アテネ・フランセ4/ 図書研究室、サロン棟	1969	52歳	大学紛争の中、早稲田大学理工学部長〜72年 内閣審議室「二十一世紀の日本」審査委員会審査委員	『オスカー・ニーマイヤー』（共著）美術出版社
箱根国際観光センター計画設計競技 21世紀の日本列島像、黒部平駅	1970	53歳	漢陽大学・早稲田大学合同韓国集落調査団団長 早稲田大学体育局山岳部長	『建築学大系・新訂版』彰国社
大観峰駅 山田牧場ヒュッテ	1971	54歳	オランダ・アムステルダム総会 台湾、韓国、ヨーロッパ訪問	『コンクリートの家』実業之日本社 『現代住居・人間と住居』有斐閣 『建築』1971年1月号青銅社
アテネ・フランセ5/LL教室棟、学生ホール 働く婦人の家、小林邸	1972	55歳	ヨーロッパ諸国（マドリッド、ニース他）訪問 チャンディガール研修会団長としてインド訪問	『住居学概論』日本女子大学通信教育出版部『告録録』相模書房 『巨大なる過ち』ミシェル・ラゴン著（訳）紀伊國屋書店 『アニマルから人間へ/ 21世紀の日本・上』（共著）紀伊國屋書店 『ピラミッドから網の目へ/ 21世紀の日本・下』同上
大学セミナー・ハウス6/ 大学院セミナー室、遠来荘（民家建築） U研究室アトリエ、盛岡市民屋内プール アテネ・フランセ6/ 地下予備室	1973	56歳	日本建築学会会長 21世紀の日本列島像　新首都北上京計画 テレビ大学講座『住居学』（UHF実験放送）15回担当	『私、海が好きじゃない』アグネ出版 『住まいの原型』（共著）鹿島出版会 『アルプスの村と街 J』（共著）A.D.A
大学セミナー・ハウス7/ 国際館 三沢邸 ダマスカス国立図書館（国際設計競技）	1974	57歳	早大21世紀の会主催の船上セミナーで香港訪問 チャンディガール研修会団長としてインド訪問 日中建築技術交流会訪中国団長、北京、西安、広州訪問 韓国、東欧訪問 日中建築技術交流会会長、日本生活学会会長	
坂上邸 アテネ・フランセ7/ 学生ホール	1975	58歳	チャンディガール研修会団長としてインド訪問 フィリピン・マニラ、セブ国際競技設計審査 日本建築積算協会会長 描き集めたスケッチや地図などの「パノラマみる展」開催	『都市住宅』1975年8月号鹿島出版会
大学セミナー・ハウス7/ 交友館、池、一福亭	1976	59歳	カナダ・バンクーバーにてマニラ・トンド地区コンペ審査 日中建築技術交流会訪中国団長として中国訪問 日本建築積算協会団長としてヨーロッパ訪問	『アテネ憲章』ル・コルビュジェ著（訳）鹿島出版会 『ル・モデュロールⅠ・Ⅱ』ル・コルビュジェ著（訳）鹿島出版会 『世界の建築』世界の美術13 世界文化社
目時農村公園	1977	60歳	ヨーロッパ諸国（バルセロナ、ニース他）訪問、中国訪問 西地中海（マジョルカ、アルジェ、モロッコ他）訪問	『ル・コルビジェ全作品7』（訳）A.D.A
働く婦人の家増築 高屋敷農村公園	1978	61歳	ボストン大学・ハーバード大学G.S.D.の招聘教授として アメリカ滞在 アフガニスタン（カブール、バーミアン等）訪問 早稲田大学専門学校校長	『ル・コルビジェ全作品6.5.4.3.2』（訳）A.D.A
栃木県立博物館指名設計競技 西行歌碑 樋口邸増改築	1979	62歳	日中建築技術交流会で中国訪問 日本デザイン・コミッティーで中国訪問	『ル・コルビジェ全作品8.1』（訳）A.D.A 『住民時代　君は21世紀に何をしているのか』新建築社 『建築文化・大学セミナー・ハウス』1979年9月号彰国社
黒磯文化会館指名設計競技、日本建築学会新建築会館設計競技 アテネ・フランセ8/ 文化センター改築、矢祭町山村開発センター 吉阪自邸改築	1980	63歳	アブダビにて市庁舎コンペ審査 12月17日聖路加国際病院にて癌性腹膜炎のため逝去 享年63	『生活とかたち―有形学』（テレビ大学講座テキスト）旺文社
	1981		カラコルム山脈　K2峰に分骨、早大登山隊登頂	
大学セミナー・ハウス8/ 記念館	1986			
大学セミナー・ハウス9/ さくら館、宿泊ユニット一部解体	2006			
大学セミナー・ハウス10/ ダイニングホール　やまゆり	2013			
大学セミナー・ハウス50周年	2015			

写真クレジット
北田英治　以下をのぞくすべての写真、図面撮影　p28、p29、31、40、41
大橋富夫　p.60、61
提供　　＊　アルキテクト　p.2、4、22、23、37、54、56
　　　　＊＊大学セミナーハウス　p.17

Takamasa Yosizaka
INTER-UNIVERSITY SEMINAR HOUSE
吉阪隆正｜大学セミナーハウス

2016年11月15日　初版第1刷発行

編著：齊藤祐子
写真：北田英治
企画・編集：Echelle-1｜下田泰也　杉浦命生
翻訳：福田能梨絵
デザイン：MAPS｜和田拓朗

発行人：馬場栄一
発行所：株式会社建築資料研究社
〒171-0014 東京都豊島区池袋2-38-2 COSMY-Ⅰ
TEL 03-3986-3239

印刷・製本：シナノ印刷株式会社

©建築資料研究社 2016 Printed in Japan
ISBN 978-4-86358-456-3

本書の複製・複写・無断転載を禁じます。
万一、落丁・乱丁の場合はお取り替えいたします。

参考図書
『建築文化　吉阪隆正 1917-1981』1981年6月号彰国社
『乾燥なめくじ・生い立ちの記』相模書房　1982年
『ヴェネチア・ビエンナーレ日本館・世界建築設計図集』
同朋舎出版 1986年
『吉阪隆正集・全17巻』勁草書房 1986年
『昭和住宅物語ー浦邸／新建築』藤森照信・新建築社 1987年
『戦後建築家の足跡3／建築文化』重村力・彰国社 1989年
『再読・日本のモダンアーキテクチャー18／建築文化』松隈洋
彰国社 1994年
『吉阪隆正の方法』齊藤祐子著　住まいの図書館出版局 1994年
『DISCONT 不連続統一体』丸善 1998年
『インドでの発見ール・コルビュジエ　アーメダバードの仕事』
齊藤祐子・ギャラリー・タイセイ 2001年
『かんそうなめくじ　1945-1975』2004吉阪隆正実行委員会 2004年
『ル・コルビュジエのインド』北田英治写真集・彰国社 2005年
『吉阪隆正とル・コルビュジエ』倉方俊輔著・王国社 2005年
『吉阪隆正の迷宮』2004吉阪隆正展実行委員会編・TOTO出版 2005年
『Ahaus No.6　今和次郎と吉阪隆正』Ahaus編集部 2008年3月
『吉阪隆正サバイバル論集』前川歩、富樫哲之編・稀会 2011年
『住宅建築　No.438　八王子大学セミナー・ハウスのいま』
齊藤祐子・建築思潮研究所 2013年4月
『好きなことはやらずにいられないー吉阪隆正との対話』建築技術 2015年
『今日は、よく歩いた。ー松崎義徳』アルキテクト事務局 2015年

展覧会・活動
「吉阪隆正の世界展」日本デザインコミッティー 1981年
「吉阪隆正ーことば・すがた・かたち展」INAXギャラリー 1987年
「DISCONTー吉阪隆正とU研究室展」
ギャラリー・タイセイ 1987〜1998年
「2004吉阪隆正展ー頭と手」
建築会館・建築博物館ギャラリー 2004〜2005年
「宇宙と原寸ー吉阪隆正と大竹十一」シンポジウム 2013年
「みなでつくる方法ー吉阪隆正とU研室の方法」
国立近現代建築資料館 2015年
「モダニズム建築と江津市庁舎とを考える」シンポジウム 2016年
「ぐるぐるつくる大学セミナー・ハウス」ワークキャンプ 2006年〜

大学セミナー・ハウス　建築データ
1〜8期
設計　吉阪隆正＋U研究室
施工　清水建設

50周年　ダイニングホール　やまゆり
設計　七月工房＋サイト＋アトリエ海
施工　相羽建設

公益財団法人　大学セミナーハウス
東京都八王子市下柚木 1987-1　〒192-0372
TEL：042-676-8851　FAX：042-676-1220
http://iush.jp/

アルキテクト事務局
サイト　一級建築士事務所　内
東京都中野区東中野 2-25-6-701　〒164-0003
TEL、FAX：03-3371-2433
http://aasite.web9.jp/

飯田宗一郎　いいだそういちろう
1910年　茨城県に生まれる、フレンド派の宣教師夫妻と出会う
1931年　同志社大学卒業、社会事業に従事
1945年　戦後、母校の新制大学の立ち上げに及力し、その後、東京女子大学初代
　　　　事務局長、国際基督教大学就職部長を歴任
1959年　大学セミナー・ハウス設立に動き出す、64年　専務理事、74年　館長
80年　名誉館長、90年　特別顧問
1984年　社会人の生涯セミナー「三輪学苑」を創設
2000年　逝去、享年90

松崎義徳　まつざきよしのり
1931年　福岡県福岡市に生まれる
1953年　吉阪先生の元で学ぼうと早稲田大学へ入学
1955年　吉阪研究室入室、59年　早稲田大学大学院建設工学科修士課程修了
　　　　早稲田大学産業専修学校（現　早稲田大学芸術学校）、国士舘大学講師
1972年からヒマラヤ、ヨーロッパアルプスを歩く、93年から函館、帯広、福島
2002年　帯広にて逝去、享年71 学生の時に創設期のU研究室に参加。〈海星学園〉
〈江津市庁舎〉〈アテネ・フランセ〉〈涸沢ヒュッテ〉〈大学セミナー・ハウス〉等
担当多数。クリスチャンとして〈四日市聖アンデレ教会牧師館〉〈日本聖公会・聖
バルナバ教会管区事務所〉を設計

大橋富夫　おおはしとみお
1932年　三重県四日市市に生まれる
1951年　写真館を営む兄の周辺で写真修行
1960年　建築写真家として『建築文化』を中心に活動を開始、以後現代建築の撮
　　　　影に携わり、建築家と作品の目撃者として活動をしてきた。また、民家を訪ね歩
　　　　き貴重な写真を記録し、中国の集落や民家の取材へと活動をひろげている。
写真集に『日本の民家　屋根の記憶』『東京　変わりゆくまちと人の記憶　写真アー
カイブ』建築家の作品集多数。

北田英治　きただえいじ
1950年　鳥取県に生まれ、神奈川県川崎市で育つ
1970年　東京写真短期大学（現東京工芸大学）技術科卒業
写真家として、建築雑誌等を活動の場とし、1980年代から東アジアの都市やタイ
北部の山岳移動少数民族、チベット高原へと人の暮らしの場所を訪ねてきた。
書籍に『サレジオ』『ル・コルビュジエのインド』『別冊太陽・世界遺産石見銀山』『ぺー
ハ小屋』『DISCONT：不連続統一体』『吉阪隆正の迷宮』『象設計集団：空間に恋
して』など。写真展「精霊の杜・アカ族のいとなみ」「フォトインベントリー・東
アジア」「東京エッジ」など多数。早稲田大学奉仕園「北田英治の写真講座」講師、「ぐ
るぐるつくる大学セミナー・ハウス」実行委員、「甲旨サロン」実行委員。

齊藤祐子　さいとうゆうこ
1954年　埼玉県浦和市（現さいたま市）に生まれる
1977年早稲田大学理工学部建築学科卒業後、U研究室入室、〈大学セミナー・ハ
ウス、国際セミナー館〉の屋根の絵などを担当する
1984年　七月工房、1989年　空間工房101を共同で設立
1995年　サイト　一級建築士事務所代表
早稲田大学芸術学校、武蔵野美術大学、前橋工科大学講師「神楽坂建築塾」事務
局住居を原点に設計活動を続けている。住居をはじめ高齢者のグループホーム、
集合住宅、また、東チベット高原の小学校建設の活動など掲載誌多数。
著書に『吉阪隆正の方法・浦邸1956』『建築のしくみ』『集まって住む終の住処』など。
「ぐるぐるつくる大学セミナー・ハウス」実行委員。「アルキテクト」事務局として、
吉阪隆正の関連書籍の編集、展覧会の企画協力などの活動をおこなう。